Aquamarin   Mich

Marcus Urban   Be

SEBASTIAN GODDEMEIER

Jolina Mennen   Katharina Oguntoye

COMING OUT

Axel Ranisch   **Ralf König**   Matt Stoffers

QUEERE STARS ÜBER DEN WICHTIGSTEN MOMENT IN IHREM LEBEN

Kevin Kühnert   David Lovric   **Drangsal**

Dominik Djialeu   **Jan Zimmermann**

Nicolas Puschmann   Bambi Mercury

Fabi Wndrlnd   **Melina Sophie**

riva

Bibliografische Information der Deutschen Nationalbibliothek
Die Deutsche Nationalbibliothek verzeichnet diese Publikation in der Deutschen
Nationalbibliografie. Detaillierte bibliografische Daten sind im Internet über
http://dnb.d-nb.de abrufbar.

Für Fragen und Anregungen
info@rivaverlag.de

Originalausgabe
1. Auflage 2021
© 2021 by riva Verlag, ein Imprint der Münchner Verlagsgruppe GmbH
Türkenstraße 89
80799 München
Tel.: 089 651285-0
Fax: 089 652096

Redaktion: Desirée Šimeg
Umschlaggestaltung: Karina Braun
Satz: Carsten Klein, Torgau
Druck: CPI books GmbH, Leck
Printed in Germany

ISBN Print 978-3-7423-1655-4
ISBN E-Book (PDF) 978-3-7453-1352-9
ISBN E-Book (EPUB, Mobi) 978-3-7453-1353-6

Weitere Informationen zum Verlag finden Sie unter

www.rivaverlag.de
Beachten Sie auch unsere weiteren Verlage unter www.m-vg.de

INHALT

FÜR ALLE, DIE AUF DER SUCHE
NACH SICH SELBST SIND.

....

VORWORT

....

»Du, ich muss dir etwas sagen ...«

Als ich ein Teenager war, hingen an meinen Wänden Poster von Jeanette Biedermann und Mariah Carey. Beide sind mehr oder weniger Gay Icons, aber heterosexuell. In den Medien gab es zu dieser Zeit, also in den Nullerjahren, keine queeren Menschen, mit denen ich mich hätte identifizieren können. Erst recht nicht in meinem privaten Umfeld. Ich bin im Münsterland aufgewachsen, zwischen heterosexuellen Fußballjungs und Pferdemädchen. Im Kindergarten verkleidete ich mich im Karneval als Erdbeere, in roter Strumpfhose und mit rotem Tutu. Die anderen Jungs gingen als Fußballer oder Zorro. Ich spielte mit Autos und mit Barbies. Ich trug Pokémon-Oberteile und heimlich High Heels und Kleider. Damit passte ich weder in die Kategorie »Fußballjungs« noch in die Kategorie »Pferdemädchen«. Die anderen Kinder merkten, dass ich anders war – ich wurde ausgegrenzt. Was war falsch mit mir? Wieso passte ich nirgends rein? Ich zweifelte an mir und fühlte mich isoliert. Schlimmer wurde es, als ich in die Schule kam. In der Grundschule wurde ich »Mädchen« genannt, ab der Sekundarstufe »Schwuli« und »Schwuchtel«. Ich wurde geschlagen, bedrängt und verfolgt. Als Jugendlicher habe ich mich nicht gewehrt, ich hatte weder den nötigen Mut noch das Selbstbewusstsein. Außerdem dachte ich: Sie haben Recht! Ich bin wirklich anders. Vielleicht habe ich es verdient, so behandelt zu werden.

Hätte ich queere Vorbilder gehabt, wäre mir die Auseinandersetzung mit meiner Sexualität und meiner Identität sicher leichter gefallen. Vor allem wenn das Thema Homosexualität im Mainstream sichtbarer gewesen wäre. Stattdessen wurden homosexuelle und besonders transidente Menschen in den Medien, vor allem in den Nachmittags-Talkshows, als Zirkusclowns dargestellt, als Menschen am Rande der Gesellschaft. Irgendwie peinlich, asozial und abnormal. Natürlich ist das totaler Schwachsinn.

Mit Anfang 20 dachte ich, ich hätte die Beleidigungen aus meiner Jugendzeit hinter mir gelassen. Als offen schwuler Mann lebte ich mittlerweile in Berlin, ging auf Dates, tanzte in Schwulenclubs und dachte, ich wäre frei. Es brauchte aber mehr als das. Ich funktionierte immer noch auf der Basis alter Botschaften und Muster. Ich musste mir bewusst machen, wer ich eigentlich war und was ich wirklich wollte. Dafür musste ich mich meinen Ängsten stellen und lernte dabei: Ich habe Liebe verdient – auch wenn mir als Kind und Jugendlicher das Gegenteil vermittelt wurde.

Aus diesem Grund ist *Coming-out* entstanden: Ich möchte queeren Menschen Rollenvorbilder zeigen, die von ihren Erfahrungen, aber auch von ihrer Kraft und ihren Hoffnungen berichten. Menschen, die oft schlimme Erfahrungen durchgemacht haben und diese in etwas Positives umwandeln konnten. Dieses Buch handelt von Selbstakzeptanz, von Freundschaft und von Familie – aber vor allem handelt es von Liebe. Doch Liebe für sich selbst und Liebe für andere Menschen erlernen queere Menschen leider allzu oft erst im Erwachsenenalter.

> **»WIR SIND EIN TEIL DIESER GESELLSCHAFT UND WIR HABEN DIESELBEN PRIVILEGIEN VERDIENT. WIR WOLLEN NICHT NUR TOLERANZ, WIR WOLLEN AKZEPTANZ.«**

Mein Ziel mit diesem Buch ist es, jedem – und ich meine wirklich jedem – Einblicke in die Schwierigkeiten zu geben, die queere Menschen in den letzten Jahrzehnten überwinden mussten, und welche Kraft und Stärke die Community eigentlich hat. In Polen und Russland werden queere Menschen verfolgt. In Deutschland steigen die Zahlen der gemeldeten homofeindlichen Angriffe jedes Jahr. Außerdem werden Nicht-Heterosexuelle wie Menschen zweiter Klasse behandelt: Schwule Männer dürfen nur unter strengen Auflagen Blut spenden, transidente Menschen werden durch das Transsexuellengesetz von 1981 diskriminiert und das Thema Adoption ... sagen wir es mal: Heterosexuelle genießen hier Privilegien, die queere Menschen nicht haben.

Queer bedeutete schon immer, zu kämpfen und sich für Menschenrechte einzusetzen: 1969 wurde mit den Stonewall-Aufständen in New York der Christopher Street Day geboren. Damals kämpften schwule Männer gegen die Polizei. Seither gehen jedes Jahr queere Menschen für ihre Rechte und ihre Sichtbarkeit auf die Straße. Die Message: Wir sind ein Teil dieser Gesellschaft und wir haben dieselben Privilegien verdient. Wir wollen nicht nur Toleranz, wir wollen Akzeptanz. Und darum geht es auch in diesem Buch.

Beim Schreiben ist mir aufgefallen, dass es sehr viele Gemeinsamkeiten in den Lebensgeschichten der 18 Protagonist*innen in diesem Buch gibt: So unterschiedlich queere Menschen wirken, die meisten haben sich als Teenager allein gefühlt. Sie sind durch Zeiten der Einsamkeit gegangen, haben ehrlich über sich reflektiert, nach Gleichgesinnten gesucht und sind am Ende bei sich selbst angekommen.

Bei der Auswahl der Protagonist*innen – oder sollte ich sie vielleicht besser Held*innen nennen? – war es mir besonders wichtig, auf Diversität zu achten: Benjamin Patch berichtet über seine Probleme als schwarzes Adoptivkind in einer weißen, religiös geprägten Umgebung. Jolina Mennen erzählt von den Herausforderungen bei ihrer Selbstfindung als trans Frau. Melina Sophie spricht über ihre Zweifel als lesbische Frau und Bambi Mercury über den Wunsch, eine eigene Familie zu gründen.

Ich hatte mir eine möglichst breite Palette an Charakteren vorgestellt, doch nicht all meine Wünsche haben sich erfüllt. Lesbische Frauen zum Beispiel sind in diesem Buch unterrepräsentiert. Nicht weil es zu wenige lesbische Frauen in der Öffentlichkeit gäbe, sondern weil sich nur wenige von ihnen zurückgemeldet haben – und das leider meist mit einer Absage. Umso dankbarer bin ich für die Zusagen von Melina Sophie und Katharina Oguntoye. Sie sorgen für Sichtbarkeit und hoffentlich auch dafür, dass mehr lesbische Frauen sich trauen, sich öffentlich zu äußern und offener zu sprechen.

Queere People of Color und Personen mit Migrationshintergrund waren schwer zu finden und noch schwerer zu überzeugen, sich zu öffnen. Hier hat mir dieses Projekt gezeigt: Diversität ist nicht nur im Mainstream ein Problem, sondern auch in der queeren Community. Eigentlich sollte man meinen, dass wir aufgrund unserer eigenen Erfahrungen mit Ausgrenzung und Mobbing offener sind für Andersartigkeit – doch allzu oft ist offenbar das Gegenteil der Fall. Dominik Djialeu berichtet zum Beispiel, wie er als schwarzer Mann in der schwulen Community sexualisiert und ausgegrenzt wird. Menschen, die selbst ausgegrenzt wurden, grenzen andere Menschen aus, was ich sehr schade finde.

Transidentität war mir ebenfalls ein großes Anliegen. Jolina Mennen hat ihre Geschichte sehr offen und ehrlich erzählt. Sie ist aber auch die einzige transidente Person in diesem Buch. Ein trans Mann wäre toll gewesen, aber auch hier kamen leider nur Absagen. Vielleicht wird es ein *Coming-out 2.0* geben: mit mehr transidenten Menschen, mit mehr People of Color und mit mehr lesbischen Frauen.

Ich hoffe, dass dieses Buch dir sinnvolle Vorbilder vermitteln kann, dir Stärke, Kraft und Hoffnung gibt und dein Coming-out erleichtert. Das Wichtigste ist aber: Egal, wo du hingehst, du nimmst immer dich selbst mit. Du hast keine Kontrolle darüber, in welches Umfeld du hineingeboren wirst, ob du später in der Schule gemobbt wirst oder ob deine Eltern immer zu dir stehen. Erst als Erwachsener hast du die Kontrolle – allerdings nur über dich selbst. Du allein bist die Person, die du ändern und an der du arbeiten kannst. Genau darum geht es meiner Meinung nach bei einem Coming-out: Du stehst zu dir selbst.

Ich bin fest davon überzeugt, dass Ehrlichkeit mit sich und anderen die Lösung für die meisten Probleme ist. Daraus resultiert Akzeptanz. Um dich selbst kennenzulernen und zu erforschen, braucht es allerdings andere Menschen: Bezugspersonen, Vorbilder, Helden. Menschen, die dich und deine Lebensrealität widerspiegeln, damit du das, was in dir ist, besser verstehen und annehmen kannst.

Queere Menschen – wir! – sind ein fester und sehr wichtiger Teil dieser Gesellschaft. Wir sind normale Menschen, die lieben und geliebt werden möchten. Die sich mit sich selbst auseinandersetzen müssen, zu sich selbst finden und einfach glücklich sein wollen. So wie jeder heterosexuelle Mensch auch. Ich wünsche mir, dass Sexualität eine Selbstverständlichkeit ist und keine Heimlichkeit. Doch das Coming-out ist heute immer noch ein Thema und immer noch ein Tabu. Und es wird vermutlich noch sehr lange eins sein. Also müssen wir weiter darüber sprechen, immer und immer wieder, loud and proud!

Sebastian Goddemeier

MELINA SOPHIE

»Oute dich vor den Leuten, vor denen du dich outen willst. Mach alles so, wie dein Bauchgefühl es sagt. Das wird dir den Weg zeigen, glaub mir. Be proud! Es gibt nichts, wofür du dich schämen müsstest.«

»Ich bin lesbisch«, sagt Melina Sophie in einem YouTube-Video mit dem Titel »Coming out«. Sie trägt dunkelbraune Haare und dunkelroten Lippenstift, hinter ihr nur eine weiße Wand. »YouTube ist ein sehr großer Teil meines Lebens und so seid auch ihr ein sehr großer Teil meines Lebens«, beginnt sie und versucht Worte für das zu finden, was sie heute mit ihrer Community teilen möchte: ihr lebenslanges Geheimnis. »Es hat mich verdammt viel Zeit gekostet, es zu akzeptieren. Ich wollte es vor mir selbst verheimlichen und wegpushen und verstecken.«

Am 31. Juli 2015 outete sich Melina Sophie vor ihren Abonnent*innen. Mehrere Millionen Menschen sahen das Video, das ihr Leben veränderte. Im YouTube-Universum war sie zu diesem Zeitpunkt bereits ein Superstar. Nun ein lesbischer Superstar. Und somit ein Vorbild für queere Teenager, die diese großen Worte noch vor sich haben: »Ich bin gay.« Zuvor stellte sie bereits Lifestyle-Videos online, nahm Fans mit auf Reisen und erzählte aus ihrem Leben.

Melina wurde an der Ostsee geboren. Als sie vier Jahre alt war, zog ihre Familie nach Nordrhein-Westfalen. Einige Jahre später trennten sich ihre Eltern und Melina pendelte zwischen Vater und Mutter hin und her. »Mein Vater ist in ein anderes Dorf gezogen. Ich bin trotz der Trennung weiterhin zwischen Feldern und Wäldern aufgewachsen«, lacht sie beim Interview 2020, als sie wieder in ihrer Heimat bei ihren Eltern zu Besuch ist.

Wenn sie auf ihre Kindheit zurückblickt, fällt ihr auf, dass ihr schon sehr früh klar war, dass sie Frauen liebt. »Rückblickend wusste ich schon im Kindergarten, dass ich lesbisch bin. Ich habe mich damals nach Frauen umgedreht, nicht nach Männern. Damals fehlte mir aber noch das Bewusstsein.« Auf dem Land gab es allerdings keine lesbischen Vorbilder, keine alternativen Lebensrealitäten zur heteronormativen. »Es ist auf dem Dorf auf jeden Fall schwieriger, sich als lesbische Frau zu finden. Es hat Jahre gedauert, bis ich mich outen konnte.«

Melina beginnt, ihre Kindheit durchzugehen und sucht nach Punkten, an denen sie rückblickend festmacht, dass sie schon als kleines Mädchen lesbisch war. »Ich fand die Praktikantin im Kindergarten richtig toll! Da war ich fünf Jahre alt. Die Praktikantin war 14 oder so. Eine Grundschullehrerin fand ich ein paar Jahre später auch besonders toll.« Diese kleinen Schwärmereien waren damals nichts Besonderes für Melina. Sie sah diese als enge Verbindung, als Freundschaft, als Bewunderung an. Heute weiß sie es besser: Sie war verknallt.

Mit 18 kam Melina zum ersten Mal auf den Gedanken, dass sie lesbisch sein könnte. Das ist sehr viel Zeit, die sie in ihrer Entwicklung verpasst hat. »Mein Gedankengang war: Vielleicht bin ich lesbisch, aber das kann nicht sein, das will ich nicht, das darf ich nicht, das soll nicht sein. Ich hatte so große Angst vor den Konsequenzen. Weil ich wusste, dass Homosexuelle immer noch nicht so akzeptiert werden, wie es eigentlich der Fall sein sollte.« Homosexuelle wurden in den Medien als andersartig und aussätzig dargestellt. Dadurch machte sie sich vor

> **»ICH HATTE SO GROSSE ANGST VOR DEN KONSEQUENZEN. WEIL ICH WUSSTE, DASS HOMOSEXUELLE IMMER NOCH NICHT SO AKZEPTIERT WERDEN, WIE ES EIGENTLICH DER FALL SEIN SOLLTE.«**

allem Sorgen, wie die Menschen in ihrem Umfeld reagieren würden. »Ich hatte Angst, dass sich meine Freundinnen von mir abwenden würden, weil sie denken würden, dass ich was von ihnen will.« Melina verleugnete ihre Sexualität ihre gesamte Jugend lang und versuchte bis ins Erwachsenenalter jemand zu sein, die sie nicht war: ein heterosexuelles Mädchen. Sie scheiterte. »Ich hatte Boyfriends, klar. Mir war überhaupt nicht bewusst, dass ich lesbisch war. Ich dachte die ganze Zeit, ich hätte noch nicht den Richtigen gefunden. Außerdem hatten alle meine Freundinnen auch Freunde. Ich wollte genauso sein.« Doch sie war nicht wie ihre Freundinnen. Sie datete Jungs, drehte sich aber heimlich immer wieder nach Frauen um. Zwischen ihr und den Männern war nichts – keine Magie, kein Funke, keine Anziehung. »Ich habe bereits damals sehr schnell Gefühle für Frauen entwickelt, obwohl wir gar nicht romantisch miteinander involviert waren. Das fühlte sich ganz anders an als mit Männern. Mit Männern hatte ich nie diesen Wunsch nach Nähe. Das Intensive. Man kennt's halt: das Verknalltsein.«

Hätte es queere Vorbilder und Lebensrealitäten gegeben, mit denen sie sich hätte identifizieren können, hätte sie als Teenager vielleicht nicht solche Probleme gehabt, sich selbst zu akzeptieren und zu sagen: Ich bin lesbisch. »Es gab niemanden, der sich geoutet hat, mit dem ich mich identifizieren konnte. Erst mit YouTuber*innen wie Troye Sivan und Ingrid Nilson wurde es besser. Ich habe ihre Coming-out-Videos bestimmt fünf Millionen Mal geschaut.« Zu diesem Zeitpunkt war Melina allerdings schon eine erwachsene Frau. Ihre innere Stimme wurde immer lauter: Stand sie auf Frauen? Wieso drehte sie sich nach Frauen um? Wieso war die Bindung zu einer Frau so viel intensiver? Wieso gingen ihr diese Fragen immer und immer wieder durch den Kopf?

Mit 19 zog Melina nach Köln. Auf YouTube hatte sie sich bereits einen Namen gemacht: Ihre Abonnenten begleiteten sie beim Weihnachtsbaumkauf und auf Taxifahrten. 500 000 Menschen rufen ihre Videos auf. In der Stadt am Rhein lebte sie in einer Wohngemeinschaft mit Sängerin und Vloggerin Shirin David. »Ich habe den Mut, mich zu outen, erst bekommen, als ich nach Köln gezogen bin – Köln, ne? Gay city number one!«, zwinkert sie in die Kamera ihres iPhones. »Dort habe ich Menschen kennengelernt, die auch homosexuell sind. In Bars und Clubs zum Beispiel. Das hat mir Sicherheit gegeben. Ich konnte mich endlich identifizieren.«

Irgendwann konnte sie der Wahrheit nicht mehr länger aus dem Weg gehen. Nach einigen Wochen in Köln fuhr Melina für einen Besuch in ihre Heimat. »Ich habe mich dort das erste Mal vor den Spiegel gestellt und zu mir selbst gesagt: Ich bin lesbisch. Das zu sagen, war die größte Überwindung. Aber es hat einfach Klick gemacht. Direkt danach habe ich mich geoutet: bei meiner Familie, bei meinen Freunden, bei allen.« Das war vier Tage vor ihrem öffentlichen Coming-out auf YouTube.

Angst hatte Melina nicht, aber Zweifel. »Das ist ein kompletter Identitätswechsel. Diesen zu machen ist schon sehr schwer – für mich und für alle Menschen in meinem Leben.« Sie wusste, wenn sie die Worte einmal ausgesprochen hätte, könnte sie sie nicht wieder zurücknehmen. Sie würde einen Teil von sich preisgeben, den sie jahrelang unterdrückt und versteckt hatte. Aber sie war bereit.

Durch die neu gewonnenen Identifizierungsmöglichkeiten in Köln hatte Melina den Mut gefasst, zu sich selbst zu stehen. Sie wollte allen zeigen, wer sie wirklich ist. »Ich habe alle total schnell abgeklappert, damit ich mein Coming-out-Video für YouTube machen kann. Ich war so überzeugt von diesen Gefühlen. Ich dachte mir: Wenn du es jetzt nicht machst, dann wirst du es nie tun.« Zuerst öffnete sie sich gegenüber ihrer besten Freundin aus ihrer Heimatstadt. Das Gespräch war recht kurz und verlief in etwa so:

Melina: »Ich bin lesbisch«.

Melinas Freundin: »Wirklich? Cool! Ich freue mich, dass du mir das erzählst.«

Das war's.

Die zweite Person war Dagi Bee, eine gute Freundin und ebenfalls YouTuberin. »Sie meinte: ›Oh Gott, wie süß. Ich finde das voll schön.‹« Melina bekam durchweg positives Feedback, nach jedem Coming-out fiel es ihr leichter, das nächste Gespräch anzugehen. »Es gab keine Person in meinem Leben, die mich als lesbische Frau nicht supportet hat.« Nach den Freunden folgten ihre Eltern. »Ich weiß noch, dass meine Mutter in ihrem Schlafzimmer war. Es war mitten am Tag. Ich bin da rein, habe mich auf die Bettkante gesetzt und gesagt: ›Mama, ich glaube, ich weiß, wieso das mit Jungs nicht klappt.‹ Sie hatte sich immer gewundert, wieso meine Beziehungen nie hielten. In dem Moment konnte ich nicht sagen, ›Ich bin lesbisch‹, also habe ich gesagt: ›Ich glaube, ich stehe auf Frauen‹.«

Melina brach in Tränen aus. Schock, Angst vor der Reaktion ihrer Mutter und Erleichterung vermischten sich in diesem einen Moment. »Meine Mama hat mich in den Arm genommen und mich gefragt, wieso ich weine. Es sei doch ganz normal, lesbisch zu sein. No big deal.« Damit war das Coming-out vor einem Elternteil geschafft. Wie Melinas Mutter gesagt hatte: Es war keine große Sache, alles lief gut. Melinas Vater war an diesem Tag auf Reisen. Sie musste ihn anrufen. »Er hat sehr süß reagiert. Als ich ihm sagte, dass ich auf Frauen stehe, meinte er erst einmal: ›Gott sei Dank!‹ Mein Vater wollte mich immer vor bösen Jungs beschützen. Dann meinte er noch, wenn ich Unterstützung bräuchte, wenn ich reden möchte, dass er da ist.«

Melina begriff, dass ihre Angst ein Scheinriese war: Sie war lange Zeit vor der Angst, sich zu outen, weggelaufen, die dadurch nur noch größer geworden war. Jetzt platzte bei ihr endlich der Knoten. »Ich wollte mich vor niemandem mehr verstecken. Nicht vor meinen Freunden, meiner Familie und schon gar nicht vor meiner Community.« Melina wollte Freiheit. »Ich dachte: Wenn ich in Köln mit einer Frau Hand in Hand durch die Stadt laufen würde, würde ich blöde Blicke bekommen. Das wollte ich nicht. Deswegen musste ich es rausschreien – damit ich privat und öffentlich ich selbst sein konnte.« Deswegen saß sie am 31. Juli 2015 in ihrem Zimmer und outete sich vor einem Millionenpublikum.

Zu diesem Zeitpunkt war Melinas öffentliches Coming-out ein Spektakel. »Damals war das ein Thema, das auf YouTube noch kaum Beachtung fand. Deswegen hat das Video so viele Klicks generiert. Das ist nun fünf Jahre her, seitdem hat sich so viel getan.« Vor allem für

Melina selbst: Das Video war so wichtig für sie, damit sie ihr Leben authentisch leben konnte – als lesbische Frau. »Ich habe das so lange mit mir herumgetragen, ich wollte diese Last nicht mehr.«

Nachdem Melinas Coming-out im Privaten so reibungslos verlaufen war, geriet sie bei ihrem öffentlichen Bekenntnis etwas ins Stolpern. Unter ihrem Video entlud sich Hass ungefiltert in den Kommentaren: »Geh dich erhängen, das ist nicht normal, ich schlage dich zusammen – ganz, ganz schlimme Sachen. Gott sei Dank habe ich auch positives Feedback bekommen. Und das hat überwogen.« Außerdem lernte Melina durch diese Erfahrung, die negativen Stimmen auszuschalten. »Ich muss ganz ehrlich sagen,

> »MEINE MAMA HAT MICH IN DEN ARM GENOMMEN UND MICH GEFRAGT, WIESO ICH WEINE. ES SEI DOCH GANZ NORMAL, LESBISCH ZU SEIN. NO BIG DEAL.«

dass mich die negativen Kommentare damals überhaupt nicht beeinflusst haben. Ich war endlich ganz ich selbst, das war mir wichtiger.« Ihre neu gefundene Selbstliebe übertrumpfte den Hass der Internet-Trolle. Melina hatte durch ihr Coming-out Selbstsicherheit und Selbstbewusstsein gewonnen: Was andere sagten, war ihr von nun an egal.

Dabei wartete auf Melina nach ihrem Coming-out die eigentliche Herausforderung: Frauen kennenlernen, daten, sich verlieben. »Ich war 19 Jahre alt und hatte noch gar keine Erfahrungen! Das hat mir so viel Anxiety gegeben. Ich habe gedacht: Vielleicht bin ich doch nicht lesbisch – weil ich so viel Angst hatte. Aber klar, das war super aufregend!«

Ein Teil war besonders spannend, machte Melina aber auch besonders viel Angst: »Ich hatte auf einmal richtige romantische Gefühle für einen anderen Menschen. Ich habe etwas gefühlt! Das war der Punkt, der mich vorangetrieben hat. Endlich wusste ich, wie sich

Liebe anfühlt!« Es wurde ernst. Wenn Liebe im Spiel ist und man sich einer anderen Person öffnet, wird man auch verletzlich. Mit jedem Date wuchs Melina, wurde erwachsener, stabiler und erfahrener. Frauen lernte sie auf Partys und durch Freunde kennen, manchmal wurde sie auch von Fans und Zuschauer*innen erkannt. »Man kann schon selektieren, ob jemand ein Fan ist oder ob jemand wirklich ein Date möchte. Letzten Endes ist das auch egal, es geht immer um die Intention, wieso man jemanden treffen möchte – da verlasse ich mich ganz auf mein Bauchgefühl. Und ich bin da offen. Wenn mir eine Frau gefällt, wieso nicht – das kann auch bei einem Fan-Event passieren.«

Tatsächlich kommt es hin und wieder vor, dass Melina bei Fan-Events angebaggert wird. Eine Geschichte ist ihr besonders im Gedächtnis geblieben. Bei einem Meet and Greet kam ein Mädchen zu ihr und meinte, sie wolle gar kein Foto, sondern gab Melina einfach ihre Nummer. »Da habe ich gemerkt, dass sie wirklich Interesse hat. Solche Aktionen finde ich schon beeindruckend, wenn sich jemand traut, mich so direkt anzusprechen.«

> »WENN ICH HEUTE GEFRAGT WERDE, WAS MIT MÄNNERN GEHT, SAGE ICH: ›MIT MÄNNERN NICHTS, ABER MIT FRAUEN SEHR VIEL.‹«

Melina probierte auch Dating-Plattformen aus: »Ich habe eine Zeit lang Tinder benutzt. Mittlerweile lernt man aber – und das höre ich auch aus meinem Freundeskreis – die meisten Leute über Instagram kennen. Das ist zur Dating-Plattform geworden.« Dort sei schließlich alles vorhanden: Bilder, persönliche Infos, Interessen, gemeinsame Bekannte.

Durch ihr Coming-out, ihr öffentliches Leben als lesbische Frau und die neu gewonnenen Dating-Erfahrungen wurde ihre Sexualität eine Selbstverständlichkeit für Melina. »Wenn ich heute gefragt werde, was mit Männern geht, sage ich: ›Mit Männern nichts, aber mit Frauen sehr viel.‹ Solche Coming-outs habe ich sehr oft. Das ist aber nicht schlimm.« Im Gegenteil: Melina fühlt sich jedes Mal gestärkt, wenn sie wieder eine Gelegenheit bekommt, zu sich selbst zu stehen und authentisch zu sein.

Für ihre heutige Stärke ist zum Teil auch YouTube verantwortlich. Ihr Coming-out-Video hat sie stärker gemacht und die dadurch ausgelösten Hass-Kommentare haben ihr gezeigt, wie wichtig es auch heutzutage noch ist, öffentlich über Homosexualität und Queerness zu sprechen. »Ich finde es so wichtig, Menschen, die noch vor ihrem Coming-out stehen, Mut zu geben. Deswegen möchte ich diese Themen auch immer wieder ansprechen: LGBTQI+, Coming-out, Homosexualität. Natürlich gibt es auch Menschen, die meinen, man müsse über diese Themen nicht mehr sprechen. Ich finde aber, dass wir noch lange nicht an diesem Punkt angekommen sind. Sehr viele Leute brauchen noch Mut für ihr Coming-out, so wie ich damals.« Und genau dafür möchte Melina stehen: für Mut. »Ich möchte auch für die ganzen Vollidioten, die immer noch meinen, Homosexualität sei nicht normal, öffentlich über dieses Thema sprechen.« Immerhin hat sich unsere Gesellschaft in den letzten Jahren genau in diese Richtung entwickelt: Homosexualität wird immer sichtbarer – in TV-Sendungen, im alltäglichen Leben, in der Musik und in der Literatur. »Wir sind in Deutschland aber noch lange nicht an einem Punkt, an dem man nicht mehr darüber sprechen muss. Es gibt immer noch Homofeindlichkeit und Hass. Das muss sich ändern.«

Um Homofeindlichkeit entgegenzutreten, redet sie öffentlich über ihr Lesbischsein. »Ich muss mich immer wieder outen. Aber das ist okay, ich finde das gut. Nur so erzeugt man Sichtbarkeit.« Eine gewisse Sichtbarkeit bringt manchmal aber auch unangenehme Gefühle mit sich – vor allem wegen der Homofeindlichkeit, gegen die Melina vorgeht. Melinas Wunsch ist es, dass sich niemand darum schert, wer wen liebt, dass jeder Mensch lieben darf, ohne dass es andere kümmert oder besondere Aufmerksamkeit erregt. Oder dass ihre Sexualität sexualisiert wird. »Männer drehen sich oft nach mir und meiner Freundin um und pfeifen uns hinterher. Wir werden oft nach einem Dreier gefragt. Das passiert unendlich oft. Man wird als lesbische Frau von heterosexuellen Männern sexualisiert. Das ist nicht okay.« In solchen Situationen fühlt sich Melina in ihrer Identität nicht ernst genommen. Frauen liebende Frauen werden behandelt, als wäre ihre Sexualität ein Scherz. »Ich bekomme fast täglich Nachrichten wie: ›Würdest du mit mir schlafen, würde ich dich umdrehen.‹ Oder: ›Du hattest einfach noch nicht den richtigen Kerl.‹ Die Männer sind oft so überzeugt von sich. So funktioniert das aber nicht.« Doch nicht nur im Internet, auch im realen Leben muss sich Melina immer wieder mit solchen Fragen auseinandersetzen.

»WIR SIND IN DEUTSCHLAND ABER NOCH LANGE NICHT AN EINEM PUNKT, AN DEM MAN NICHT MEHR DARÜBER SPRECHEN MUSS. ES GIBT IMMER NOCH HOMOFEINDLICHKEIT UND HASS. DAS MUSS SICH ÄNDERN.«

Am schlimmsten ist es für sie, wenn Menschen aus ihrem nahen Umfeld sie infrage stellen: »Ich wurde schon gefragt, ob ich mir sicher sei, dass ich gay bin. Von einer Person, die mir sehr nahesteht. Das hat mich sehr sauer gemacht.« Heterosexuelle Menschen werden nie gefragt, ob sie sich sicher seien, dass sie gegengeschlechtlich orientiert sind. »Da kommt oft auch ein Spruch wie: ›Vielleicht bist du nur sexuell verwirrt?‹ Ich denke mir dann: Bist du dir sicher, dass du straight bist? Oder ist das auch nur eine Verwirrung?« Oft stammen solche Fragen von älteren Menschen, die mit queeren Themen nicht so vertraut sind wie jüngere Generationen. »Dieselbe Person hat auch gesagt, dass es Bisexuelle nicht gebe. Dass das nur eine Verwirrung sei. Drei Tage lang war ich so sauer. Die Person denkt das heute noch.« Melina hat mittlerweile erkannt, dass man manche Menschen eben nicht ändern kann, weil deren Denken zu festgefahren ist. Aber sie weiß auch, dass es sehr wohl möglich ist, Homosexualität weiter zu normalisieren. Dafür braucht es noch mehr Menschen, die wie sie selbst öffentlich über das Thema sprechen.

Menschen, die ihr Coming-out noch vor sich haben, rät Melina vor allem: »Hört auf euer Gefühl!« Sie weiß, dass das Bauchgefühl den Zeitpunkt, den Ort, die Menschen und alles andere vorgibt. »Es gibt Menschen wie mich, die es rausschreien – das heißt nicht, dass das der richtige Weg ist.« Stattdessen sollte man es vielleicht lieber so angehen: »Oute dich vor den Leuten, vor denen du dich outen willst. Mach alles so, wie dein Bauchgefühl es sagt. Das wird dir den Weg zeigen, glaub mir. Be proud! Es gibt nichts, wofür du dich schämen müsstest.« Diese Lektion hat Melina selbst gelernt: Viel zu lange hat sie ihre wahren Gefühle unterdrückt und war deswegen viel zu lange unglücklich. Ihr Coming-out war der erlösende Befreiungsschlag. Heute ist Melina zufrieden und glücklich mit sich selbst. Und das wünscht sie sich auch für andere. »Der beste Fall wäre, wenn es irgendwann keine Coming-outs mehr geben würde. Wenn jeder so akzeptiert würde, wie er oder sie ist. Aber das kann ich nicht voraussetzen.«

Stattdessen hofft sie, dass Homosexualität immer mehr normalisiert wird, weiter in die Mitte der Gesellschaft vorrückt und man irgendwann nur noch beim Daten klarmachen muss: Ich möchte eine Frau, einen Mann oder eine Person dazwischen oder außerhalb dieser Grenzen treffen. Dafür braucht es weiterhin starke Vorbilder, die sich öffnen, sich zeigen und über LGBTQI*-Themen sprechen. Vor allem wünscht sich Melina aber Unterstützung von einer Gruppe: »Auch heterosexuelle Menschen müssen über queere Themen sprechen und uns unterstützen. Bis wir so weit sind, haben wir noch sehr viel zu leisten.«

DOMINIK DJIALEU

»Ich wusste sehr früh, dass ich auf Jungs stehe. Ich habe das nie als Problem empfunden, sondern eher als spannend, richtig und natürlich. Aber mein Umfeld hat das anders zurückgespiegelt.«

Dominik Djialeu sitzt auf einer Couch im Café Dujardin im Berliner Stadtteil Wedding, die Hipster auf Ebay Kleinanzeigen vermutlich als »vintage« bezeichnen würden. Hinter ihm eine kupferfarbene Stehlampe von Ikea, vor ihm ein Ingwertee und eine Kürbissuppe. Er trägt ein buntes Sweatshirt in Batikdesign. Der Rest seines Outfits ist in Schwarz gehalten.

»Hier mag ich es lieber als in Neukölln. Der Wedding ist authentischer. Ich mag die Ruhe und das Unverbrauchte«, erzählt er. Seine Wahl, im Berliner Stadtteil Wedding zu leben, hat aber noch andere Gründe: Hier fällt der Afrodeutsche mit kamerunischen Wurzeln aufgrund seiner Hautfarbe einfach weniger auf als in Charlottenburg oder Schöneberg. »Ich habe mich bewusst für einen migrantischen Stadtteil entschieden. Unter nicht weißen Menschen fühle ich mich wesentlich wohler.«

Von klein auf machte er im Alltag immer wieder Erfahrungen mit Rassismus, erlebte direkte Angriffe und unterschwellige Feindlichkeit. »Ich merke das doch recht schnell, wenn ich anders behandelt werde. Auf Ämtern zum Beispiel – das ist der Klassiker. Die Tonart der Beamt*innen verändert sich auf einmal, wenn sie merken, dass ich fließend Deutsch spreche.« Letztens ist es wieder zu so einem Vorfall gekommen: Auf dem Amt setzte er sich aus Versehen an den falschen Tisch. »Die Beamtin fragte mich, was ich dort wolle, und hat mich total angepampt. Ich habe ihr freundlich auf Hochdeutsch erklärt, dass ich die Art, wie sie mit mir spricht, unverschämt finde. Da hat sich ihr Ton um 180 Grad gewendet.«

Dominik wird oft unterschätzt und stigmatisiert – und das nur wegen seiner Hautfarbe. »Ich habe gelernt, das nicht in mich reinzufressen. Das hängt natürlich auch von dem jeweiligen Tag ab und wie ich mich fühle. Aber Grenzen sind sehr wichtig, damit befreie ich mich ein Stück weit und habe ein besseres Gefühl.« Dominik behält damit außerdem ein Stück weit die Kontrolle.

In seiner Kindheit fehlte ihm hingegen ein Gefühl der Kontrolle und Sicherheit. »Ich habe in meinem Leben nie lange an einem Ort gelebt. Meine Mutter ist Deutsche, mein Vater kommt aus Kamerun. Ich bin in Kassel geboren, meine Eltern haben sich aber getrennt, als ich vier Jahre alt war. Ich bin dann mit meiner Mutter nach Göttingen gezogen.« Seine Mutter lernte einen neuen Mann kennen, die Patchworkfamilie zog aufs Land, 20 Kilometer von Göttingen entfernt. »Die Situation zu Hause war nicht die beste, ich habe mich nicht mit meinem Stiefvater verstanden.« Dominik einigte sich mit seiner Mutter darauf, im niedersächsischen Dassel auf ein Internat zu gehen, um der Situation zu Hause zu entkommen.

· ·

»ICH HATTE PHASEN, IN DENEN MICH MEINE IDENTITÄTSFINDUNG ÜBERWÄLTIGTE. ICH FING AN ZU REBELLIEREN, MACHTE MEINE EIGENEN REGELN, BRACH DIE REGELN DER ANDEREN, WOLLTE ANDERS SEIN.«

· ·

Im Internat lebte er ein paar Jahre, bis er im Teenageralter von der Schule flog. »Ich hatte Phasen, in denen mich meine Identitätsfindung überwältigte. Ich fing an zu rebellieren, machte meine eigenen Regeln, brach die Regeln der anderen, wollte anders sein, nahm Drogen – die man im Internat übrigens sehr leicht bekam.« Auf der einen Seite wollte er den Erwartungen, die an ihn gestellt wurden, nicht entsprechen. Auf der anderen Seite befand er sich im Clinch mit sich selbst. »Ich wusste sehr früh, dass ich auf Jungs stehe. Ich habe das nie als Problem empfunden, sondern eher als spannend, richtig und natürlich. Aber mein Umfeld hat das anders zurückgespiegelt.« Er erlebte Homofeindlichkeit und hörte, wie Klassenkamerad*innen über Schwule redeten. »Schwuchtel« war ein Schimpfwort und Schwule galten in der Gesellschaft als abnormal.

Und dann war da noch seine Hautfarbe, die für ihn oft das viel größere Problem darstellte, besonders in seiner Jugend auf dem Land sowie in der Akademikerstadt Göttingen. »Ich fühlte mich als Schwarzer Junge nicht zugehörig. Nie. Die anderen in meinem Umfeld waren alle hetero und weiß. Mir haben Vorbilder und Identifikationsfiguren in meiner Kindheit gefehlt«, fasst Dominik seine Jugend in den Neunzigerjahren zusammen. Damals konnte er das Gefühl der Leere nicht benennen, heute kann er die Problematik reflektiert einordnen.

Das erste Mal fand er so etwas wie ein Zugehörigkeitsgefühl, als er das Musikvideo zu Jay-Zs »Hard Knock Life« sah. »Das war Ende der Neunziger. Dieser kleine Junge läuft durch New York. Ich habe ihn gesehen und dachte mir: Der Junge ist wie ich, cool. Ich habe mich ihm auf einmal sehr nah gefühlt.« Zur selben Zeit fand er Zuflucht in der Musik, vor allem im R&B und im Hip-Hop. Er entdeckte Künstler*innen, mit denen er sich identifizieren konnte. »Das waren natürlich keine queeren Menschen, dafür waren es aber Schwarze Menschen, die gefeiert wurden. Das waren somit sehr positive Beispiele für mich, die mir in meiner Heimat fehlten.«

Mit elf wurde Dominik klar, dass er schwul ist. Trotzdem versuchte er, bei Mädchen zu landen, und wollte eine Freundin haben. »Meine Freunde waren alle hetero. Ich wollte auch so sein wie sie und dazugehören.« Doch er spielte auch Doktorspiele mit den anderen Jungs im Internat. »Dafür haben wir uns am nächsten Tag geschämt und konnten uns nicht in die Augen sehen.« Während er mit Mädchen zusammen war und mit Jungs im Dunkeln herumspielte, wurde für ihn klar, was er bevorzugte. »Ich merkte, dass ich mich eher von männlichen Körpern angezogen fühle. Ich habe mir damals auch lieber die nackten Jungs als die nackten Mädels in der *Bravo* angesehen.«

Queere Vorbilder und Identifikationsfiguren fand Dominik hingegen nirgendwo – weder in Deutschland noch in den USA oder im Fernsehen auf MTV oder auf VIVA. Er musste woanders suchen. »Als ich ein Teenager war, wurde das Internet immer größer. Ich suchte im Internet nach schwulen Gruppen und fand Die Strolche, eine queere Gruppe aus Göttingen.« Dominik besuchte ein Treffen. »Das war leider sehr enttäuschend. Die waren aus meiner Sicht nämlich alle sehr alt. Auch dort konnte ich mich nicht zugehörig fühlen, obwohl wir alle queer waren. Da waren aus meiner Sicht nur Daddys, die mich süß fanden – ich suchte aber nach jemandem in meinem Alter.«

Er startete eine weitere Internetrecherche. »Ich meldete mich bei schwulen Dating-Seiten an. Dort fand ich Jungs in meinem Alter. Ich habe in der Zeit, als ich etwa 16 war, meine ersten sexuellen Erfahrungen gesammelt.« Allerdings hatte er damals auch noch eine Freundin und sie entdeckte seinen Suchverlauf im Browser. »Sie hat mich damit konfrontiert und ich musste die Katze aus dem Sack lassen. Mit dem Coming-out war die Beziehung natürlich beendet. Das war ein Riesendrama.« Den Streit konnte Dominik schlichten, bis heute sind er und seine Exfreundin locker befreundet.

Das erste offizielle Coming-out folgte kurz darauf. »Mit 17 habe ich mich bei meiner Mutter geoutet. Ich bin ihr einziger leiblicher Sohn und damals wurde Homosexualität noch stark mit HIV und Aids in Verbindung gebracht. Mein Stiefonkel ist an Aids gestorben.« Er kann sich noch gut an seinen Onkel erinnern und daran, was die Krankheit mit ihm gemacht hat. »Sein Zustand hat sich rapide verschlimmert. Das war damals ein Tabuthema. Niemand in der Familie hat darüber gesprochen. Mir wurde damals gesagt, er habe Krebs.« Als Dominik sich outete, war der erste Satz seiner Mutter: »Du weißt schon, dass dein Onkel an Aids gestorben ist?« Der zweite Satz war nicht viel besser: »Ich habe mir Enkelkinder gewünscht ...«

Heute weiß Dominik die damalige Situation besser einzuordnen. »Ihre Reaktion war nicht ablehnend, sie hat unreflektiert ihre ersten Gedanken rausgelassen. Ich habe meine Mama lieb, aber das war nicht ihr bester Moment.« Seine Mutter dachte nach Dominiks

Coming-out, dass er nur eine Phase durchliefe. »Es war eine Sache, mit der sie für sich klarkommen musste. Irgendwann hat sie dann gesagt: ›Ich wünsche mir nur, dass du glücklich bist. Wenn du glücklich bist, ist das gut so.‹« Das war eine Jahre verspätete positive Reaktion auf sein Coming-out und eine Wiedergutmachung. »Sie hat natürlich auch meine Partner kennengelernt. Es ist kein großes Thema zwischen uns. Ich wünsche mir nur manchmal, dass sie sich engagieren würde. Meine Mutter ist keine stolze Mutter, die sich für die Gleichberechtigung von Homosexuellen einsetzt – obwohl meine jüngere Schwester auch lesbisch ist. Aber das ist okay. Sie ist an meinem Leben interessiert und das zählt.« Heute steht Dominik in regelmäßigem Austausch mit seiner Mutter. Seine Homosexualität ist keine große Sache mehr.

· ·

»DAS WAR EIN GANZ SCHÖNER DRAHTSEILAKT. ICH HABE MIR SEHR VIEL ZEIT GELASSEN UND BRAUCHTE MEHRERE ANLÄUFE. ZUM COMING-OUT BEI MEINEM VATER KAM ES ERST MIT 23.«

· ·

Das Coming-out seinem Vater gegenüber war wesentlich schwieriger. »Mein Vater ist sehr christlich erzogen worden. Er ist sehr konservativ. Ich glaube, dass er schon sehr früh geahnt hat, dass ich schwul bin. Er hat das aber immer ignoriert und weggedrückt. Meine Mutter ist da etwas naiv, aber mein Vater hat immer wieder Anspielungen gemacht und ganz gezielt Fragen nach Männern und Sexualität gestellt.« Trotz dieser Einladungen zu einem Gespräch fiel Dominik dieses Coming-out sehr schwer. »Das war ein ganz schöner Drahtseilakt. Ich habe mir sehr viel Zeit gelassen und brauchte mehrere Anläufe. Zum Coming-out bei meinem Vater kam es erst mit 23.« Dominiks Eltern lebten nicht zusammen.

Damals telefonierten er und sein Vater. Dominik saß in einem Hamburger Café. Sie stritten sich. Dominik traute sich nicht, die Worte »Ich bin schwul« zu sagen, also kam ihm sein Vater zuvor. »Er sagte: ›Dominik, ich weiß doch, dass du schwul bist.‹« An genaue Details des Gesprächs kann Dominik sich nicht mehr erinnern. »Ich habe ihm nur kurz zugestimmt. Ich weiß nicht, wie er darauf gekommen ist. Das war das einzige Mal, dass wir darüber gesprochen haben. Es hat ihn sicher verletzt, dass ich es ihm nicht gesagt habe.« Auf der anderen Seite hielt sein Vater jahrelang an der Idee fest, dass sein Sohn doch heterosexuell sein könnte. »In seinem Wohnzimmer hing sehr lange ein Foto von mir und meiner ersten Freundin – selbst nach meinem Coming-out. Ich glaube aber, dass er es mittlerweile abgehängt hat.«

Seit dem Coming-out ist es Dominik egal, was sein Vater über seine Sexualität denkt. Das muss es auch, damit die Beziehung nicht abbricht. »Es war mir nie ein Bedürfnis, das Thema mit meinem Vater zu vertiefen. Es gibt Themen und Einstellungen, bei denen wir nicht übereinkommen. Meine Sexualität gehört dazu.« Vor allem versteht er heute besser, welche Probleme sein Vater damit hat. »In Kamerun hat der Erstgeborene einen besonderen Stellenwert. Er ist das Vorbild für alle, die danach kommen. Mein Vater hat sich das anders vorgestellt, als einen schwulen Sohn zu haben.« Die Vorstellungen seines Vaters betreffen aber nicht nur seine Sexualität, sondern auch andere Bereiche von Dominiks Leben. »Ich arbeite freischaffend, veranstalte Partys. Das hat er nie als etwas Handfestes gesehen. Er wollte, dass ich Ingenieur werde. Tja, es gibt eben sehr viele Themen, über die wir streiten.« Jedes Mal, wenn sie sich sehen, versucht Dominik, strittige Themen zu umgehen, damit die Situation nicht eskaliert: Politik, Arbeit und Sexualität.

Trotz all der Differenzen und dem unglücklich verlaufenen Coming-out, das zum Tabuthema wurde, ist Dominiks Vater stolz auf seinen Sohn. »Er kann die Sachen, die ich mache, nicht ganz nachvollziehen.

Er sieht aber, dass ich glücklich und erfolgreich bin. Und das macht ihn dann doch stolz.« Sein Vater teilt zum Beispiel Beiträge über Dominik, wie Zeitungsartikel und Interviews, auf Facebook. Auch mit queerem Inhalt – so, dass es die Familie in Kamerun sehen kann. »Das ist natürlich schon eine Entwicklung. Ich dachte immer, dass er zu konservativ wäre – und auf einmal teilt er diese Beiträge.« Letzten Endes versucht Dominik, das als stille Zustimmung und Zuneigung zu sehen.

Zwischen seinen zwei großen Coming-outs erkundete Dominik das schwule Leben. Bei seinem ersten großen Coming-out war er 17, bei dem zweiten 23. »Über GayRomeo lernte ich gute Freunde kennen, mit denen ich auf Partys ging und schwule Filme schaute.« Dominik besuchte Partys und Clubs mit seinem besten Freund in Hannover und Göttingen. Liebe fand er aber nirgendwo – bis er mit 21 nach Hamburg zog. »Ich bin dort in eine WG gezogen und habe Schauspiel studiert. Auf einmal war ich nicht mehr der einzige schwule Mann, das war toll. In Hamburg konnte ich offen schwul sein und meine Sexualität als Selbstverständlichkeit leben. In Göttingen war das nicht so.« Mit dem Umzug in die Metropole fühlte sich Dominik frei, tanzte sich durch die Nächte und genoss die Aufmerksamkeit. »Es gab auf einmal eine Auswahl an Männern, die ich spannend fand. In Göttingen war das eher selten. Wenn ich heute Grindr dort öffne, sind da immer noch dieselben Männer. In Hamburg war das eine neue Welt.«

Es dauerte auch nicht lange, bis Dominik sich verliebte und seinen ersten Freund hatte. Er fühlte sich fürs Erste angekommen. Er verfolgte außerdem seine Liebe zur Musik, ging clubben. »Ich hatte dort eine sehr exzessive Zeit. Ich habe sehr viel gefeiert, Drogen konsumiert und mich treiben lassen.« Dominik durchlief Phasen, feierte mal heftig, dann wieder gar nicht. »Ich hatte immer ein relativ gesundes Maß. Ich bin Drogen gegenüber positiv eingestellt. Aber ich möchte nicht kleben bleiben und die Kontrolle verlieren.« Seine Zeit in Hamburg erinnert ihn heute an die Zeit im Internat. »Als Jugendlicher wollte ich meine Identitätsprobleme verdrängen. Ich wollte mich durch das Kiffen nicht mit der Realität auseinandersetzen. Außerdem wollte ich cool sein. Später haben mir die Drogen geholfen, meine Schüchternheit zu überwinden. Ich hatte viele Selbstzweifel, teilweise auch heute noch.« Die Drogen halfen ihm, aus sich herauszukommen, sich fallen zu lassen und für einen Moment seine Ängste zu vergessen.

Nachdem alle Hamburger Clubs ausgeschöpft waren, tauschte Dominik 2008 die Hansestadt gegen die Hauptstadt, um weiter Schauspiel zu studieren. Mit vier Jahren hatte er das erste Mal in Theatergruppen gespielt und war als Jugendlicher im Schauspiel aktiv geblieben. Als Erwachsener realisierte er, dass das Schauspiel eine ähnliche Funktion wie die Drogen hatte. »In Rollen zu schlüpfen war eine Flucht für mich. Ich wollte jemand anderes sein. Ich war nie wie andere Schauspieler*innen, die dafür leben. Ich war nie bereit, mein ganzes Leben dem Schauspiel zu widmen. Mir ging es mehr darum, nicht die Realität zu spüren.«

Seine Vergangenheit, seine Sexualität und sein Schwarzsein hat er heute reflektiert und ist in der Realität angekommen – mit Ängsten, Selbstzweifeln und allem, was dazu gehört. Vor allem ist er stolz darauf, was er alles geschafft hat. »Ich habe sehr viel aus eigener Kraft bewegt und ins Leben gerufen. Ich engagiere mich sehr für die Community und versuche, Aufklärung zu betreiben.« Er moderiert zum Beispiel mit Zuher Jazmati den Black Brown Queeren Podcast, kurz BBQ, der sich mit

> »ICH WAR NIE BEREIT, MEIN GANZES LEBEN DEM SCHAUSPIEL ZU WIDMEN. MIR GING ES MEHR DARUM, NICHT DIE REALITÄT ZU SPÜREN.«

Themen Schwarzer, queerer Menschen beschäftigt. Außerdem betreibt er die Berries Party, eine Hip-Hop-Partyreihe für queere Menschen in Berlin. In seiner Arbeit verbinden sich Aktivismus, Leidenschaft und Musik. Seit 2014 veranstaltet er die Berries-Partyreihe als queer-feministische Veranstaltung. »Es gab vorher schon schwule Hip-Hop-Partys, aber keine inklusive Partyreihe, die auch queere Künstler*innen unterstützt.« Damit wollte er etwas schaffen, das ihn stolz machte. »Ich wollte nie angestellt sein – ich bin froh, dass mir klar war, dass einzig und allein ein Bürojob nicht zu mir passt. Ich bin stolz auf mich, dass ich mir selbst treu geblieben bin und nicht auf meinen Vater gehört habe.«

Mit seiner queeren Hip-Hop-Party gestaltet Dominik einen Safe Space, in dem er und andere queere Menschen zu Hip-Hop abfeiern können, ohne Homophobie ausgesetzt zu sein. »Ich habe mich auf den Hip-Hop-Partys, auf denen ich zuvor unterwegs war, nie wohlgefühlt. Die sind sehr testosterongeschwängert. Sehr hetero und männlich dominiert.« Er und seine schwulen Freunde kamen dort nie an. »Musikalisch war das auch nicht meins. Hip-Hop ist mittlerweile diverser geworden. In Deutschland ist die queere Rap-Szene sehr weiß, in den USA eher Schwarz geprägt geprägt. Dort haben mir früher noch die queeren Menschen gefehlt, ich konnte mich aber immerhin als Schwarzer Mann identifizieren.«

> »RASSISMUS IN DER COMMUNITY FINDET HÄUFIG ALS FETISCHISIERUNG STATT: ICH WERDE AUF MEIN ÄUSSERES REDUZIERT.«

Bei seinen Partys verbindet er zwei Teile von sich, mit denen er so lange als Jugendlicher zu kämpfen hatte: den Schwarzen Jugendlichen, der sich im Hip-Hop wiederfindet und von Jay-Zs Musikvideos inspiriert wird, und den schwulen Teenager, der angenommen werden und sich zeigen wollte, wie er ist. Schwarzsein und Schwulsein stehen auch heute noch manchmal im Konflikt zueinander. Als Schwarzer Mann erlebt Dominik Rassismus – selbst in der Schwulenszene. »Rassismus in der Community findet häufig als Fetischisierung statt: Ich werde auf mein Äußeres reduziert.« Schwarzen Männern werden immer wieder Klischees angehängt, etwa sie wären mehr als gut be-stückt und aktiv beim Sex. »Ich würde sagen, dass ich meine Tenden-zen habe, mich aber auch nicht festlegen möchte. Es wird aber immer geglaubt, dass ich ein Macho und sehr hart wäre, nur weil ich Schwarz bin.« Diese Vorurteile machen ihm oft zu schaffen. »Nicht weiße Men-schen werden ständig fetischisiert und auf ihr Äußeres und ihre Her-kunft reduziert. Das sieht man an Grindr-Profilen, in denen ›Keine Asiaten‹ oder ›Nur Schwarze‹ steht.« Als Lösung sieht er vor allem Aufklärung und das Hinterfragen des eigenen Verhaltens. »Empathie ist sehr wichtig, um den eigenen Blickwinkel zu überprüfen und sich seiner Privilegien bewusst zu sein.«

Dass er Schwarz ist, sieht man Dominik an. Dass er schwul ist, hin-gegen nicht. Outen muss er sich deshalb jeden Tag aufs Neue. »Ich glaube nicht, dass man nur ein Coming-out hat, das geht immer wei-ter.« Er sieht sich einer doppelten Belastung ausgesetzt: Rassismus und Homofeindlichkeit. Deswegen macht er sich im Beruf so laut wie möglich, vor allem durch den BBQ-Podcast, der die Themen vereint, die Dominik am Herzen liegen: Queerness, Queer Loneliness, Hip-Hop und die Fetischisierung von Schwarzen. »Früher hat es mir an Schwarzen, queeren Repräsentant*innen gefehlt. Das möchten wir besser machen!«

DRANGSAL

»Ich werde immer das anziehen, was ich will,
ich werde mich immer ausdrücken, wie ich
will, ich werde immer ficken, wen ich will, und
ich werde immer das machen, was ich will.«

Der Kopf ist kahl rasiert, die Haut blass, die Stiefel und die Kleidung schwarz. Drangsal sitzt in einem Büroraum in Berlin-Mitte nahe der Klosterstraße, kippelt auf seinem Stuhl und erzählt von seiner Heimat. »Das ist ein Dorf. Ein Kaff. Die Luft ist besser als in Berlin. Die Leute aber noch unfreundlicher. So ist das eben in Rheinland-Pfalz.« Drangsal kommt aus Herxheim, heißt eigentlich Max Gruber.

Bereits als kleines Kind merkte Drangsal das erste Mal, dass es eine sexuelle Ambivalenz in ihm gab. »Im Kindergarten gab es einen Jungen. Wir haben uns oft ein Fort aus Matratzen und Kissen gebaut und dort gekuschelt und uns geküsst. Als ich acht oder neun war und mit meinem Kumpel die Pornohefte seines Vaters durchgeguckt habe, war ich auch schon so: Männer gefallen mir auch.« Schon früh im Leben war Drangsal also im Reinen mit seiner Sexualität. Sie war nie ein Thema, über das er sich zu viele Gedanken gemacht hätte.

Allerdings waren die Menschen in seinem Dorf engstirnig und als Teenager fühlte er sich eingesperrt. »Es gab nicht allzu viele Möglichkeiten, mich richtig auszuprobieren und kennenzulernen. Weder sexuell noch musikalisch. Heute könnte ich dort vielleicht ein Album aufnehmen, aber diese ganzen Prozesse in die Wege leiten, die nötig sind, um eine Band an den Start zu kriegen, Gigs zu spielen und eine Platte zu promoten – das geht nicht.« In seinem Dorf gab es zwar »Kleinkunst«, wie Drangsal sie nennt, Theater- und Musikgruppen zum Beispiel. »Aber da war ich mir legit schon immer zu fein für.« Dort wollte er nicht stattfinden, nicht steckenbleiben, nicht verebben. Er wollte in die große Stadt – die erlaubte es ihm, sich musikalisch und sexuell auszuprobieren.

Mittlerweile lebt er in Berlin. Drangsal hat als Solomusiker erfolgreich zwei Studioalben veröffentlicht, die in die Charts eingestiegen sind. »Diese Zahlen sind mir nicht so wichtig. Die sagen nicht aus, ob etwas gut oder schlecht ist.« Dass er es überhaupt so weit geschafft hat, auf der Bühne zu stehen und seine eigene Musik zu produzieren, ist ein kleines

Wunder für ihn. »Ich hatte in der Schule nur eine sehr vage Idee von meiner Zukunft. Ich habe mir – das muss ich fairerweise gestehen – nie viele Gedanken darüber gemacht. Während meine Mitschüler*innen relativ genau wussten, was sie nach dem Abi machen wollten, war das bei mir eher so ein ›Irgendwas mit Musik, schätze ich mal‹.«

Durch Zufall lernte Drangsal als Teenager Leute in Mannheim und Heidelberg kennen, die in der Musikbranche tätig waren, »zeckte« sich dort rein, kam über Umwege zu einem Job in Berlin und anschließend zu seinem Plattendeal. Auf einem kleinen rosafarbenen Notebook und mit einem Headset produzierte er seine erste Musik. Seinen Künstlernamen lieh er sich von einem Bestattungsunternehmen in seiner Heimat. »Ich fand immer, dass der Begriff Drangsal, also Qual oder Leid, ein krasser Name für ein Bestattungsunternehmen ist. Das ist eines der wenigen Dinge, die ich nicht bereue – den Namen finde ich immer noch spitze!« Später arbeitete er mit Deutsch-Rapper Casper zusammen, mischte Remixe für Tokio Hotel und nahm Songs mit Sängerinnen wie Leslie Clio auf.

Auf seinem zweiten Album *Zores* outet er sich 2018 mit dem Song »Und du?« als bisexuell. In unzähligen Medienberichten wurden der Titel und das Coming-out aufgegriffen. »Ich denke, das ist, wie die Leute mich sehen wollen. An sich finde ich den Begriff ›Coming-out‹ aber ehrlich gesagt sehr schwierig, weil damit ein Zwang einhergeht, dass man sich irgendjemandem gegenüber öffnen und rechtfertigen muss. Ich verstehe durchaus, dass das ein kathartisches Erlebnis für jemanden sein kann, der sich sein ganzes Leben verstecken musste. Bei mir war das aber nicht so.« Drangsal hatte nie das Gefühl, irgendjemandem eine Erklärung schuldig zu sein, warum er so ist und nicht anders beziehungsweise normal. »Das war mir schon immer zu blöd, weil ich nie das Gefühl hatte, irgendetwas an mir verstecken zu müssen. Es kommt auch kein heterosexueller Mensch zu dir und offenbart sich dir gegenüber als heterosexuell.«

Auch wenn das Konzept des Coming-out keinen Sinn für Drangsal ergibt, hatte er in seinem Leben den einen oder anderen Moment, der einem Coming-out sehr nahekommt. »Ich war 13 oder 14, als ich einem Kumpel erzählt habe, dass ich auch auf Typen stehe.« Er kann sich nicht mehr erinnern, was genau er gesagt hat – nur dass es kurz und schmerzlos verlief. »Das war ein sehr aufregender Moment, auf jeden Fall. Das war total neu. Mein Kumpel reagierte aber super gelassen. Er meinte nur: ›Ach, oh really?‹ Ich so: ›Ja.‹ Das war's.« Das Thema wurde nicht groß diskutiert und auch in Drangsal veränderte sich deswegen nichts. »Da war nicht dieser Schleier der Lüge, der endlich von mir abfiel, und ich endlich sein konnte, wie ich will. Ich hatte schon immer das Mindset, dass ich derjenige bin, der mich mögen muss.«

· ·
»AN SICH FINDE ICH DEN BEGRIFF ›COMING-OUT‹ SEHR SCHWIERIG, WEIL DAMIT EIN ZWANG EINHERGEHT, DASS MAN SICH IRGENDJEMANDEM GEGENÜBER ÖFFNEN UND RECHTFERTIGEN MUSS.«
· ·

Diese Einstellung half ihm auch in der Schule. Dort wurde Drangsal wegen seiner Kleidung beleidigt und angefeindet. Er trug damals schwarz gefärbte, lange Haare bis über die Brust, lackierte Fingernägel und grün besprühte Springerstiefel mit karierten Hosen. Später rasierte er sich einen Irokesenschnitt. »Ich wollte um jeden Preis anecken, durch Sachen, die ich gesagt habe, durch mein Aussehen, durch alles Mögliche.« Und es funktionierte. »Ich bekam ›Schwuchtel‹ und die ganze Palette zu hören. Aber ganz ehrlich: Ich empfand das nie als Beleidigung. Es fühlte sich eher so an, als würden die anderen das zu ihrem Schutz und ihrer Abgrenzung sagen, weil alles, was nicht die heterosexuelle Norm bedient, problematisch für den Durchschnitt ist.« Durch das Mobbing lernte er sehr früh, darauf »zu scheißen«, was

andere Menschen über ihn sagen. Er entwickelte Verteidigungs-
strategien. »Wenn jemand versuchte, mich zu mobben, dann habe ich
die Person einfach zurückgemobbt. Und auch wenn das nicht die feine
Art ist, aber wenn jemand meinen Rucksack in den Mülleimer geworfen hat oder so einen Scheiß, dann bin ich am nächsten Tag zu dem
hin und habe ihm den Ellenbogen auf die Nase geschlagen. Einfach
um zu zeigen, dass da eine Grenze überschritten wurde.« Damit eckte
er nicht nur bei seinen Feinden, sondern auch bei seinen Freunden an.
»Ich glaube, dass meine Freunde mich schon immer strange fanden.
In Rheinland-Pfalz vor allem. Was sie oder meine Mitschüler hinter
meinem Rücken über mich gesagt haben, weiß ich nicht. Ich erinnere
mich aber, dass auf der Schultoilette geschrieben stand: ›Max Gruber,
du Homo‹. Das finde ich heute noch lustig.«

Mit Humor und Gegenwehr regelte Drangsal seinen Schulalltag.
»Wenn mich jemand beleidigt hat, gab ich der Person ganz klar zu verstehen, was ich von ihr hielt: ›Mann, du bist einfach so ein Vollidiot
und ich hasse dich.‹« Provokation ist bis heute eine Verteidigungs-
strategie, mit der er sehr gut fährt. Er geht lieber in die Vollen, statt
sich zurückzuziehen und zu verstecken. Das gibt ihm Freiheit.

Seine Art, mit Konflikten umzugehen, ist auch der Grund, weshalb er
sich nie seinen Eltern gegenüber outete. »Ich habe mit meinen Eltern
nie über meine Sexualität gesprochen. Das ist vielleicht ein interes-
santes Thema. Aber wenn die das nicht in den Medien mitbekommen
haben, dann sind die auf jeden Fall dumm. Das würde ich ihnen nicht
unterstellen.« Er glaubt vielmehr, dass seine Sexualität kein Thema ist,
weil seine Eltern die Konfrontation scheuen. »Ich kann einfach lauter
schreien und kenne mehr Arten und Weisen, mich verbal zu fetzen.
Ich bin wortgewandter, weil ich es gewohnt bin, zu diskutieren. Ich
arbeite den ganzen Tag mit Worten. Und ich glaube, wenn meine Eltern meine Sexualität ansprechen würden und ich auch nur die kleins-
te Unzufriedenheit oder Kritik raushören würde, dann wüssten die:

Shit is going down, Alter. Dann fängt alles an zu brennen. Wenn mein Vater so slightly abfällige Sachen über Schwule sagt, dann bin ich schon immer so: Ey, kannst du nicht machen.« Das Verhältnis zwischen ihm und seinem Vater ist ohnehin durchwachsen. Das mag daran liegen, dass sein Vater in der Kindheit misshandelt wurde. »Mein Vater hat nie die Hand gegen mich erhoben. Das rechne ich ihm sehr hoch an, eigentlich wiederholt sich Missbrauch ja, aber mein Vater war mir gegenüber echt fair. Wir sehen uns sehr ähnlich, haben sonst aber nicht allzu viele Gemeinsamkeiten.«

Drangsal hatte keine Bilderbuchkindheit, es gab viel Streit. Dennoch konnte er Frieden mit seiner Vergangenheit schließen – auch mit seinem jugendlichen Ich, das Menschen angepöbelt und geschlagen hat. »Ich glaube, man kann den Leuten nicht Dinge vorwerfen, die sie in der Vergangenheit verbrochen haben. Ich war selbst nicht immer der netteste Kerl und habe gerade die ersten Jahre meiner Karriere damit verbracht, Hass zu schüren. Erst mit dem Erwachsenwerden – das bei mir leider etwas zu spät eingetreten ist – habe ich gemerkt, dass es viel besser ist, Hand in Hand als Faust auf Faust zu gehen. Deswegen versuche ich jetzt, meinen Teil beizutragen und zu sagen: ›Hey, you can be you. Und du bist niemandem etwas schuldig.‹ Deswegen finde ich das Coming-out so schwierig. Ich bin immer der Meinung gewesen, dass es ein sehr individueller Prozess ist.«

Im Prozess seiner Selbstfindung lernte Drangsal, seinem Vater zu vergeben. Er weiß zu schätzen, dass dieser ihm immer viel Freiraum einräumte. »Mein Vater hat das Herz am rechten Fleck und ich glaube, er ist ein anderer Mann als vor 20 Jahren. Ich durfte immer das tun, worauf ich Lust hatte. Und jetzt sind meine Eltern sehr stolz auf mich und im ganzen Haus hängen Bilder. Wenn ich in der Heimat bin, kann ich gar nicht entspannen, weil meine ganze Historie im Haus verteilt hängt.« Auf diesen Bildern trägt Drangsal häufig Make-up, auffällige Kostüme, angelehnt an sein Vorbild Marilyn Manson. »Ich habe Manson damals auf MTV gesehen und dachte: Holy Shit! Ist das eine Frau oder ein Mann? Fand ich total geil. Ich hatte schon immer Bock, das, was mich musikalisch und künstlerisch begeistert, auch nach außen zu tragen. Und ich glaube, meine Freunde und besonders die Fußballjungs fanden das einfach nur merkwürdig.«

»WENN MICH JEMAND BELEIDIGT HAT, GAB ICH DER PERSON GANZ KLAR ZU VERSTEHEN, WAS ICH VON IHR HIELT: ›MANN, DU BIST EINFACH SO EIN VOLLIDIOT UND ICH HASSE DICH.‹«

Im Alter von neun Jahren besuchte er zum ersten Mal ein Marilyn-Manson-Konzert. Die Person, die Musik, das ganze Image faszinierten ihn. Vor allem das Spiel mit den Geschlechtern. »Ich habe immer DIE Marilyn Manson gesagt, bis ich sieben war, weil ich das einfach nicht geschnallt habe. Meine Mutter meinte irgendwann: ›Nein, Max. Das ist ein Mann.‹ Da hat's Klick gemacht: Männer können also auch Strapse, Make-up und lange Haare tragen.« Daraus resultierte für ihn, dass auch er sich schminken durfte. »Ich habe mich schon immer gerne verkleidet und Schminken macht Spaß. Man bekommt ganz andere Möglichkeiten, sich auszudrücken.« Mit seinen Auftritten hofft er, für andere ein Vorbild zu sein und zu zeigen: Du bist okay, du kannst dich als Kerl schminken und bist deswegen nicht weniger männlich.

Mit 18 zog Drangsal nach Berlin. Er wollte weg von den Fußballjungs und sich mit Menschen umgeben, die so offen waren wie er. Zu der Zeit hatte er seine erste feste Freundin. »In Berlin habe ich, obwohl ich vergeben war, einen Jungen geküsst und mich super, super, super, super, super, super krass schuldig gefühlt und Panikattacken bekommen, als sei ich der schlechteste Mensch der Welt. Irgendwann habe ich es ihr erzählt. Ich habe den Druck nicht mehr ausgehalten.« Und dann? »Ihre

Reaktion war unspektakulär: Sie fragte mich, wie es war. Sehr entspannt, hat sie fast nicht interessiert. Wir sind bis heute befreundet.«

Eine Beziehung mit einem Mann ist Drangsal noch nicht eingegangen, kann es sich aber sehr gut vorstellen. Er verliebt sich nicht in das Geschlecht eines Menschen, sondern in die Person: »Ich würde mich eher als ›Human Sexual‹ bezeichnen, was Morrissey früher auch schon gesagt hat, der jetzt ein alter, grumpy Nazi geworden ist. Human Sexual finde ich gut, weil ich finde, Anziehung und Liebe sind nie von dem abhängig, was jemand zwischen den Beinen trägt. Sondern eher, was jemand zwischen den Augen und in der Brust hat, im romantischsten Sinne.«

....
»ICH HABE IMMER DIE MARILYN MANSON GESAGT, BIS ICH SIEBEN WAR. MEINE MUTTER MEINTE IRGENDWANN: ›NEIN, MAX. DAS IST EIN MANN.‹ DA HAT'S KLICK GEMACHT.«
....

Aus diesem Grund bezeichnet sich Drangsal auch nicht gerne als bisexuell. Er möchte als Mensch wahrgenommen und nicht über Labels definiert werden. Ob es der perfekte Weg ist, weiß Drangsal nicht – aber es ist sein Weg. Und der ist gut so.

Ein Freund von Drangsal outete sich kürzlich als bisexuell. Ein Skater-Dude, der straighter nicht wirken könnte. Sie saßen mit mehreren Freunden zusammen, als er erzählte, dass er eines Nachts mit seinem Taxifahrer nach Hause gegangen sei. Ganz nebenbei, ganz nonchalant. »Das war so perfekt. Ich habe mir auch kurz gedacht: Ausgerechnet der? Ich war aber so begeistert, mit so einem Mut und so einer Selbstverständlichkeit dem Ganzen gegenüberzutreten. Das ist, glaube ich, essenziell, um sich nicht von seinem Weg abbringen zu lassen.« Genau diese Selbstverständlichkeit wünscht sich Drangsal für alle: Dass niemand ein Coming-out im klassischen Sinne haben muss, sondern seine Partner*in mit nach Hause bringen kann und einfach akzeptiert wird. »Ich gehe mit Coming-outs offen um, als wäre es egal – was es ja auch ist. Das liegt natürlich auch an Berlin. Das liegt an meiner Bubble und an meinem Umfeld. Ich bin nicht bereit, Kompromisse einzugehen. So Accept-me-for-what-I-am-mäßig. Wenn dir das nicht passt: dein Problem. Ich bin stolz auf meine sexuelle Ambivalenz.«

Was Drangsal immer getan hat und auch anderen rät: auf das Bauchgefühl zu hören und das zu tun, was man wirklich tun möchte – ungeachtet der Meinung anderer.»Das Leben ist so unwichtig, weil es im Big Picture des Universums ein Furz ist. Es ist egal, geh raus, leb dein Leben. Deswegen würde ich mich nicht von meinen Mitschülern oder Eltern oder irgendjemand anderem, der nicht ich selber bin, von irgendwas abbringen lassen, was sich für mich interessant anfühlt. Ich werde immer das anziehen, was ich will, ich werde mich immer ausdrücken, wie ich will, ich werde immer ficken, wen ich will, und ich werde immer das machen, was ich will.« Nur so kommt man an einem Ort an, an dem man mit sich selbst glücklich ist, glaubt er. Drangsal stellt sein persönliches Glück an die erste Stelle und geht keine Kompromisse ein – sobald man sich für andere verbiegt, wird man unglücklich.»Man sollte natürlich nicht alle Brücken abbrennen, über die man gehen muss. Hand in Hand statt Faust auf Faust ist schon besser. Aber man sollte sich doch eine gewisse Kompromisslosigkeit beibehalten und nicht das Gefühl haben, man wäre irgendjemandem eine Erklärung schuldig.«

Diese Kompromisslosigkeit bedeutet für ihn auch zu provozieren. Provokation macht ihm Spaß, sie ist ein Teil von ihm. Egal, ob er über Bisexualität singt oder mit verschmiertem Lippenstift im rosafarbenen Anzug auf der Bühne steht. Er spielt mit Geschlechtergrenzen, trägt seine innere Ambivalenz offen nach außen. Damit wird er zwar zum Feindobjekt für viele Männer, doch ohne Reibung entsteht keine Veränderung.»Die meisten heterosexuellen Männer finden bisexuelle Frauen geil, weil sie sich vorstellen können, Teil von einem sexuellen

Konstrukt, einem Dreier, zu sein. Aber bisexuelle Männer empfinden sie als bedrohlich und abstoßend, weil sie Angst haben, sexualisiert zu werden, so wie sie selber Frauen sexualisieren. Weil sie Angst haben, dass jemand zu ihnen kommen könnte und sagen könnte: ›Boah, du siehst geil aus!‹«

»GEH RAUS, LEB DEIN LEBEN. ICH WÜRDE MICH NIE VON MEINEN MITSCHÜLERN ODER ELTERN ODER IRGENDJEMAND ANDEREM, DER NICHT ICH SELBER BIN, VON IRGENDWAS ABBRINGEN LASSEN, WAS SICH FÜR MICH INTERESSANT ANFÜHLT.«

Deswegen, glaubt Drangsal, haben viele Männer ein Problem mit Männern, die lange Haare, Nagellack und auffällige Kleidung tragen. »Viele Leute haben einfach ein Problem mit geschlechtlicher Ambivalenz, weil das ihre eigene gefestigte Idee von Geschlecht und Sexualität verzerrt. Ich glaube nicht, dass viele Leute bereit sind, zu sagen: Geilheit ist gar nicht gebunden an diese Dinge, die mir beigebracht wurden, sondern vielleicht gibt es da eine Grauzone, die für mich auch interessant ist.« Diese Grauzone musste er für sich selbst erkunden. Das brauchte etwas Mut, machte aber alles einfacher. »Ich wusste schon als Teenager, dass ich bisexuell bin, und das war auch kein Thema für mich. Ich war immer ein selbstbewusster und verhältnismäßig sozial intelligenter Mensch. Ich weiß, dass es meine Aufgabe ist, diese Leute davon zu unterrichten, dass es nicht geht, ›schwul‹ zum Beispiel als Schimpfwort zu benutzen, aber ich habe auch das Gefühl, dass bei solchen Leuten sowieso schon alles verloren ist, egal, was ich dann tue.« Bis dahin wird er das tun, was er am besten kann: Songs schreiben, performen und Heterotypen anpissen, die sexuelle Ambivalenz vor den Kopf stößt.

September 2020. Drangsal betritt in einem rosafarbenen Satinanzug, unter dem ein Netz-Shirt glitzert, die Bühne. Er spielt auf dem Hamburger Reeperbahn Festival. Weißblonder Irokesenschnitt, die Augenbrauen stark übermalt, das Lippen- und Augen-Make-up verschmiert. »Schaut mich an«, beginnt er zu singen. Er wirkt wie die moderne, queere Version seines Vorbilds Marilyn Manson. Sein Auftritt ist ein großes, dickes »Fuck you!« an all diejenigen, die ihn jemals beleidigt haben. Er haut zwar heutzutage niemandem mehr den Ellenbogen ins Gesicht, dafür aber seine Persönlichkeit. Drangsal lässt sich nicht unterkriegen. Also alles wie immer.

RALF KÖNIG

»Die geilen Jungs knutschten hinter der Schulhofmauer die Mädchen ab, ob die wollten oder nicht, und ich hätte meine Großmutter verkauft, um auch so abgeknutscht zu werden.«

An den Wänden hängen Zeichnungen, Karten und Notizen. Darauf: viele nackte Körper. Unzählige Stifte liegen herum. Ein Stift in jeder Farbe. Am Schreibtisch sitzt Ralf König und zeichnet. Vielleicht an seinem neuen Buch, vielleicht an etwas, das ihm gerade durch den Kopf geht. Über 60 Comicbücher hat er bisher veröffentlicht, die in über 15 Sprachen übersetzt wurden. Jedes davon war thematisch so vielfältig wie die Stifte, die in seinem Atelier herumliegen. Eines haben seine Comics gemeinsam: Es geht darin um menschliche Beziehungen und um Sexualität. »Genauer gesagt um Sex, Beziehungsprobleme, Lust und Frust, Liebeskummer, Historisches wie Adaptionen von Shakespeare und Aristophanes, Sex, Religion, Politik, Sex, Aufklärung in puncto HIV, die Ehe für alle und Sex. Habe ich den Sex erwähnt?«, lacht Ralf und hat damit sehr Recht. Es geht sehr oft um Sex. Vor allem um schwulen Sex. Durch diesen Themenschwerpunkt ist er sehr erfolgreich geworden, darf sich sogar erfolgreichster deutscher Comiczeichner schwuler Comics nennen: In seiner Laufbahn wurde er mit verschiedenen internationalen Preisen ausgezeichnet, 1992 und 2006 unter anderem mit dem Max-und-Moritz-Preis als bester Comic-Zeichner.

In seinen Arbeiten setzt sich Ralf vor allem mit seiner eigenen Geschichte auseinander: mit dem Finden seiner Sexualität, seiner HIV-Infektion und dem Leben als homosexueller Mann in einer heterosexuellen Gesellschaft. »Wenn ich meine alten Comics anschaue, lesen die sich ein bisschen wie Tagebücher«, findet er. Sie sind nicht immer schön, sondern genau wie das Leben auch mal ein bisschen dunkel. Ralf ist durch schwierige Phasen gegangen, hat traurige Erfahrungen gemacht. Er beschönigt die Realität nicht und konfrontiert seine Leser*innen auch mal mit menschlichen Abgründen.

Von irgendwelchen Abgründen oder gar vom schwulen Leben war in Ralfs Kindheit noch nichts zu erahnen. Er ist in Ostwestfalen aufgewachsen, in der Nähe von Soest, in einem »kleinen, katholischen

Bauerndorf«, wie er es nennt. Damals, in den 1960er- und 1970er-Jahren, gab es keine Schwulen – zumindest waren sie nicht sichtbar. Schon gar nicht für einen kleinen Jungen im Münsterland. » Schwulsein war ein viel zu großes Tabuthema, da kam mir als Kind und Jugendlicher nicht viel zu Ohren außer doofen Detlef-Witzen.«

Diese Witze, die er in der Schule immer wieder hörte, zeigten ihm vor allem eins: Schwul sein, das möchte man nicht. Dabei bemerkte Ralf eigentlich sehr früh, dass er schwul ist.»Da gibt es wohl keinen genauen Zeitpunkt, aber es war so früh, dass ich noch gar nicht genau wusste, was ›schwul‹ bedeutet.« Ralf behielt seine Gedanken sehr lange für sich. »Es gab zwar auch pubertäre Jungswichsereien hinter Büschen. Das war aufregend, hatte aber für die anderen und damals auch für mich nichts mit Schwulsein zu tun.«

Als Teenager bandelte er mit Mädchen an, versuchte, wie die anderen Jungs zu sein. Er wollte Frauen lieben – konnte es aber nicht. »Ich hatte als Teenager Freundinnen. Die mochte ich auch, aber verspürte nie etwas Erotisches. Damals habe ich wohl auch so manches Mädchenherz gebrochen.« Zu jener Zeit entdeckte er Pornomagazine und Super-8-Filme im Schrank seines Vaters, die in seinem Comic *Porn Story* von 2015 aufgegriffen werden. »Da war mir schon klar, dass ich auf Typen stehe und nicht auf die überschminkten Frauen in den Filmen.« Doch Jungs blieben fürs Erste unerreichbar. »Ich verliebte mich heimlich in Schulfreunde, meine erste Liebe hieß Franz Josef. Dann gab's noch Horst Dieter, die geile Sau, der war zwei Jahre älter als ich, also 16, 17, und der roch schon nach Rasierwasser. Die geilen Jungs knutschten hinter der Schulhofmauer die Mädchen ab, ob die wollten oder nicht, und ich hätte meine Großmutter verkauft, um auch so abgeknutscht zu werden.«

Mit 14 machte er die ersten Erfahrungen mit Alkohol – und outete sich unfreiwillig. »Die Tochter vom Dorfkneipenwirt hatte eine Flasche Whisky auf die Party mitgebracht, die ich sorglos zur Hälfte wegkippte. Dann weiß ich noch, dass ich zu Suzi Quatro headbangte und plötzlich – *rums!* – lag ich unter der Musiktruhe!« Seine Freunde brachten ihn zum Ausnüchtern in den Garten, wo Ralf lallend unter einem Baum lag. »Dann kam Franz Josef auf seinem Moped angeknattert und ich brüllte quer über die Wiese, dass ich ihn liebe! Was natürlich für lautstarkes Gelächter sorgte.« Am nächsten Tag schämte sich Ralf, ihm war die Aktion peinlich – seine Schulfreunde nahmen das Ganze aber offenbar nicht weiter ernst. »Die dachten vielleicht nur, dass ich halt besoffen war.« Ralf beendete die Schule ohne weitere Coming-outs, arbeitete in einer Holzverarbeitungsfabrik, wo er eine Tischlerlehre absolvierte.

Schon als kleines Kind hatte er die Lust am Zeichnen entdeckt. »Ich habe mit Leidenschaft Donald Duck abgemalt und mir Geschichten dazu ausgedacht.« Später wurden daraus schwule Comics. Mit seinem Coming-out, als er sich eingestand, dass er ein Männer liebender Mann ist. »Da ich nun mal schwul bin, wurden mit meinem Coming-out auch meine Comics schwul. Das hat mir zu Beginn sehr viel Aufmerksamkeit in der Szene beschert. Und dann lagen meine Heftchen plötzlich auf den WG-Klos der linken Studentenszene.«

> »ICH HATTE ALS TEENAGER FREUNDINNEN. DIE MOCHTE ICH AUCH, ABER VERSPÜRTE NIE ETWAS EROTISCHES. DAMALS HABE ICH WOHL AUCH SO MANCHES MÄDCHENHERZ GEBROCHEN.«

Bevor es jedoch so weit kam, musste Ralf sich erst einmal selbst finden. Er reiste mit seiner besten Freundin Ulrike nach Frankfurt am Main, als er 19 war. »1979 gab's das Homolulu-Festival, die erste Schwulenaktionswoche in Frankfurt. Davon hörte ich zufällig und mir war klar, dass ich da hinmusste! Ich kaufte mir unter Angstschweißausbrüchen das Schwulenmagazin *Du & Ich* am Soester Bahnhofskiosk und holte mir so die Informationen, wo und wann das stattfinden sollte.«

Frankfurt am Main, die Bankenstadt Deutschlands und damals auch eine Schwulenhochburg. »Das war, als flöge ich heute nach New York, wir aus der Provinz in meinem VW-Käfer.« In Frankfurt angekommen, zwischen den Wolkenkratzern und dem Bahnhofsviertel, war Ralf umgeben von Männern, die waren wie er. »Da sah ich das erste Mal haufenweise Schwule, das war für mich natürlich ein Damaskuserlebnis, um es katholisch zu formulieren. Vorher war da nur der einsame, ältere Mann, der uns Jungs in der Dorfkneipe immer aufs Klo folgte und beim Pinkeln rüberschielte.«

In Frankfurt änderte sich Ralfs Bild von Schwulen. Sie hatten Spaß. Sie waren dort, um für etwas einzustehen: für ihre Identität, für die Gleichberechtigung von Schwulen und Lesben. Darum ging es beim Homolulu-Festival – man wollte Sichtbarkeit erzeugen und klarmachen: Wir sind hier und wir haben dieselben Rechte wie Heterosexuelle verdient. »Ich erlebte drei Tage Party mit fröhlichen, kampfesmutigen Männern und Tunten, da kam ich wie ausgewechselt zurück ins Dorf.«

Außerdem hatte er während der Homolulu sein erstes Mal. »Ich war betrunken und jemand nutzte das aus und schob mich vors Festzelt in den Wald. Fand ich nicht so aufregend, aber auch nicht weiter schlimm.« Das erste Mal war somit erledigt. Und dann? »Der gute Sex ließ nicht lange auf sich warten, ich verknallte mich an diesem Wochenende erst in Jürgen, dann in Johannes, und das war dann der erste Sex, den man so nennen kann. Leider war der Liebeskummer ein paar Wochen später weniger erfreulich, aber das war dahingehend die erste Lektion fürs Leben.« Ralf folgte dem Motto: Lass ihn zischen, gibt 'n Frischen. Und so war es dann auch.

»Als ich aus Frankfurt zurückkam, sagte ich zügig allen Freunden, Verwandten und Arbeitskollegen, dass ich schwul bin.« Seine Freunde gingen locker mit dem Thema um – seine Eltern jedoch nicht. »Meine Mutter war entsetzt, aber eher weil sie Angst hatte, wie mein Vater reagieren würde, der pädagogisch nicht unbedingt eine Leuchte war, sondern eher ein Choleriker.« Sein Vater kam von selbst dahinter, dass Ralf schwul ist, er musste gar nichts sagen. »Er schnüffelte in meinem Zimmer rum und fand das Buch *Sex und Karriere* von Rosa von Praunheim in meinem Regal. Das enthielt ein schwules Manifest, in dem ich Textstellen rot markiert hatte, die ich wichtig fand.« Damit war der Fall klar: Der Sohnemann ist schwul, er liebt Männer, lutscht Schwänze. »Mein Vater stellte mich nie zur Rede, sondern machte erst mal meine arme Mutter zur Sau. Ich bin dann wegen der Scheißstimmung zu Hause ausgezogen, ins Nachbardorf.«

Erst Jahre später führte Ralf Gespräche mit seinem Vater über seine Sexualität. »Er hatte weniger ein Problem damit, dass ich schwul bin, sondern damit, dass ich keine Familie gründen würde und darum später mal einsam sein würde. Das war damals auch die Realität, Schwule fanden abseits der Gesellschaft statt.« Vorbilder oder Menschen in der Öffentlichkeit, die zu ihrer Homosexualität standen, gab es nicht. »Erst später kamen Dirk Bach und Ralph Morgenstern, aber mir war das oft zu schräg und tuntig. Es waren immer eher die verrückten Hühner. Rosa von Praunheim hat mich noch am ehesten beeindruckt, der war unbequem und selbstbewusst.« Unbequem und selbstbewusst – so wie Ralf König heute.

Mittlerweile weiß Ralf, dass sein Vater damals nicht den Moralapostel spielen wollte, als er so negativ auf die Sexualität seines Sohnes reagierte. Immerhin interessierte ihn selbst gleichgeschlechtlicher Sex. »Meine Eltern waren nicht sehr gläubig und mein Vater hatte die Schränke voll mit Pornos! Da waren sogar zwei, drei schwule Pornos dabei. Aber sehr schlechte, so dänische Siebzigerjahre-Filmchen.« Ralf lernte dadurch: Homosexualität war gar nicht das Problem, sondern der Umgang damit.

Heute sind seine Eltern um die 90 und sehr stolz auf ihn. Zu Recht. Seine Comics sind Bestseller. *Der bewegte Mann*, eine Geschichte um eine Freundschaft zwischen einem Schwulen und einem Hetero, wurde verfilmt und verschaffte Ralf den Durchbruch. Das war 1994. Seitdem stehen Fans vor den Buchhandlungen Schlange, wenn er dort zu Gast ist. Heterosexuelle Menschen lesen seine Bücher genauso wie homosexuelle. Und nicht nur seine Eltern sind stolz, auch die Stadt Soest weiß ihren bekanntesten Schwulen zu schätzen: Der *Soester Stadtanzeiger* widmete Ralf zum 60. Geburtstag eine ganze Seite, ehrte ihn für seinen Erfolg, für seine Courage und sein Engagement.

Nach seinem Coming-out verschlug es Ralf in die Großstadt Dortmund. Er kündigte seinen Job als Tischler und widmete sich seiner Kreativität. Und dem Schwulsein. »In Dortmund gab es ein Schwulenzentrum, das war neu für mich«, erinnert er sich. Ein schwuler Treffpunkt, den er sich nach seinem Homolulu-Wochenende sehnlichst wünschte. In Dortmund hatte er seinen ersten festen Freund: Hartmut. »In Dortmund war es Anfang der Achtzigerjahre eine Zurschaustellung, händchenhaltend mit Hartmut durch die Fußgängerzone zu gehen. Offen Schwule hatten die Dortmunder noch nicht gesehen und es gab blöde Sprüche.« Wann immer Ralf sich in der Öffentlichkeit mit Hartmut zeigte, war er angespannt. »Ich konnte gar nicht entspannen, kann man ja kaum, wenn man angegafft wird.«

> »ER HATTE WENIGER EIN PROBLEM DAMIT, DASS ICH SCHWUL BIN, SONDERN DAMIT, DASS ICH KEINE FAMILIE GRÜNDEN WÜRDE UND DARUM SPÄTER MAL EINSAM SEIN WÜRDE. DAS WAR DAMALS AUCH DIE REALITÄT.«

In seiner Zeit in Dortmund entstand 1987 auch *Der bewegte Mann*. Ralf zweifelte zunächst an dem Potenzial des Comics. »Ich dachte, das würden nur ein paar Schwule kaufen.« Sein Lektor hingegen glaubte an das Projekt. »Ich habe seitdem viel bessere Bücher getextet und gezeichnet. Aber das ist halt meine Schublade – mein Name in den Medien und dahinter immer in Klammern *Der bewegte Mann*.« Ein schwuler Comic in einer Zeit, in der viel über Schwule geredet wurde – und über die vermeintliche Schwulenkrankheit Aids.»1987 war ich noch in Dortmund und bekam das große Sterben zunächst nur von Weitem mit, das Berliner Schwulenmagazin *Siegessäule* war voll mit Todesanzeigen. Ich machte zwar Safer-Sex-Comics für die Aids-Hilfe, da ging's meistens ums Kondom, aber sonst traute ich mich lange nicht recht an das Thema ran.« Das war die absolute Spaßbremse, findet Ralf.»Ab 1990 lebte ich in Köln und musste dort einige Jahre später miterleben, wie mein bester Freund Dieter in einem Krankenhaus elend vor sich hinstarb. Und am Ende des Jahrzehnts wurde ich selbst positiv getestet.«

· ·

»MACHT ES, BRINGT ES HINTER EUCH. ES GIBT VIELLEICHT KURZZEITIG ETWAS WIRBEL, ABER DAS LEBEN IST DANACH EHRLICHER UND ENTSPANNTER. IHR HABT DANN DIE RICHTIGEN FREUNDE – DIE FALSCHEN SIND ABSERVIERT. DENN WER WAS DAGEGEN HAT: TSCHÜSS!«

· ·

Das war der Zeitpunkt, in dem Ralf sich dem Thema öffnete – er war nun selbst betroffen und traute sich zu, aus seinen Erfahrungen Kunst zu machen.»Ich hatte das Gefühl, ich wüsste nun, wovon ich rede, und habe mich erst mit Kurz-Comics an das Thema herangewagt und dann *Super-Paradise* produziert, da geht es um die HIV-Infektion einer meiner Figuren. Der Comic ist ein Hin und Her zwischen tragisch und lustig.« Seitdem traut sich Ralf, wirklich alle Spektren des Lebens in seinen Comics abzubilden – egal, ob Alter, Krankheit oder Tod. Es muss nicht immer alles lustig sein.

Das lebendige schwule Leben entdeckte Ralf für sich selbst in den 1990er-Jahren.»Die Kölner waren da Lichtjahre voraus, mit Kneipen ohne Türgucklloch und einer sichtbaren Schwulenszene.« Hier lebt und arbeitet er bis heute, in Köln, der Stadt mit dem Dom und dem

Schokoladenmuseum und mit dem Ruf, die Schwulenstadt Deutschlands zu sein. In Köln lernte Ralf immer mehr Männer kennen. Es gab Auswahl.»Klar, hier war das damals super mit der Lederszene und den Drag-Schuppen gleich nebenan. Heute zu sehen, dass es auf den Straßen unübersehbar viele Schwule gibt, macht schon ein gutes Lebensgefühl.«

Ralf bekam den Wandel hautnah mit, wie Homosexuelle bis heute immer weiter in die Mitte rücken. Auch seine Comics und die Mainstream-Verfilmung von *Der bewegte Mann* werden dazu beigetragen haben. Doch komplette Gleichstellung und Akzeptanz wurden bisher leider noch nicht erreicht.»Ich fürchte, die Probleme bleiben uns mehr oder weniger erhalten. Menschen sind nun mal engstirnig, neidisch und erstmal feindlich gegenüber allem, was nicht der Norm entspricht«, findet Ralf, auch wenn sich seiner Meinung nach politisch und gesellschaftlich schon enorm viel getan hat. »An die Homo-Ehe war damals nicht zu denken! Offen schwule Politiker*innen, Prominente, das ging gar nicht! Es gibt viel mehr Information für jeden im Internet, auf Netflix schwule Serien. Trotzdem ist es für Jugendliche vor allem abseits der Großstädte wohl immer noch ähnlich schwer, sich zu outen. Leider.«

Selbst als gestandener Mann, der Erfolge und Misserfolge, Krankheiten und Schicksalsschläge, Liebe und Glück erlebt hat, ist Ralf nicht vom Coming-out freigesprochen. Noch fast täglich passiert es, dass er sich outen muss. »Neulich zupfte mir der heterosexuelle türkische Barbier den Bart und erzählte dabei von seiner Frau und dass sie ein Kind erwarten, und da dachte ich kurz: Was machst du jetzt, wenn er dich nach deiner Familie fragt?« Ralf war verunsichert, fühlte sich in diesem heterosexuellen Umfeld unwohl. »Wo richtige behaarte Kerle sich gegenseitig den Bart kraulen, wäre wieder ein tiefes Luftholen nötig, um selbstverständlich zu sagen, dass ich schwul bin. Ich hätte es gesagt, auf jeden Fall, war aber erleichtert, dass er gar nicht gefragt hat.« Ralf weiß aber aus vielfacher Erfahrung, dass der Moment nach dem Coming-out oft eine Befreiung ist. Daher lautet sein Appell: »Hört auf den alten Mann: Macht es, bringt es hinter euch. Es gibt vielleicht kurzzeitig etwas Wirbel, aber das Leben ist danach ehrlicher und entspannter. Ihr habt dann die richtigen Freunde – die falschen sind abserviert. Denn wer was dagegen hat: Tschüss!«

Um es Menschen auch auf dem Land leichter zu machen, sich zu outen, braucht es seiner Meinung nach mehr Sichtbarkeit: »Damit die Leute sich daran gewöhnen, dass queere Menschen auf den Straßen unterwegs sind. Gewöhnung ist alles. Das erfordert Mut, aber das war mit uns Schwulen ja damals auch so. Und wann, wenn nicht jetzt? In Deutschland sind wir doch in einer vergleichsweise guten Situation.« Schwierig wird es hingegen beim Blick über die Grenzen. »Mir wird beklommen, wenn ich an Russland denke und Polen oder sämtliche islamische Staaten. Wie viel Angst und Unglück da sein muss!« In beiden Ländern werden queere Menschen von den Regierungen instrumentalisiert: Homosexualität sei etwas Ekliges, das bekämpft werden muss. Homosexuelle Menschen würden konservative Werte angreifen und eine Gefahr für Kinder darstellen. Außerdem sei Homosexualität eine Krankheit. In Polen wurden deshalb sogenannte «LGBT-freie"-Zonen eingeführt. In diesen Landkreisen sind queere Menschen nicht willkommen – im schlimmsten Fall werden sie sogar verfolgt und angegriffen.

Ralf ist froh, dass er noch rausgehen musste, um einen Mann aufzureißen. Ohne das Internet, richtig flirten mit Blicken. »Queers gab es unter dem Begriff damals noch nicht, und wer schwul war, ging

> »MIT 60 IST MAN NICHT MEHR 30, DAS IST KLAR. ES FUNKTIONIERT ZWAR NOCH ALLES UND DIE VERSAUTEN FANTASIEN SIND IM KOPF WIE EH UND JE. ICH WEISS NOCH NICHT, OB DAS QUÄLEND IST ODER EIN SEGEN.«

einfach in die Kneipen und guckte, was passiert! Klar, später fand ich's auch praktisch, mir den Kerl über GayRomeo ins Haus zu bestellen wie eine Amazon-Lieferung. Bis man nach der Kneipe und zehn Kölsch mit einem nach Hause latschte, dauerte es ja oft bis weit in die Morgenstunden. Und dann hat man lieber gekuschelt und gleich geschlafen statt gefickt.« Da ist es wieder, das Thema Sex. Ein großes Thema in seinem Leben und ein noch größeres in seiner Arbeit. Wieso? »Weil die Leute Angst haben vor Sex, immer noch, wegen Hemmungen, Komplexen, religiösen und moralischen Einwänden. Ich finde, dass Liebe und Sex das Intensivste sind, womit man sich in diesem kurzen Leben beschäftigen kann. ›Begierde ist das Gegenteil von Tod‹«, zitiert er Tennessee Williams. »Weil Sex viel mehr ist als Familienplanung.«

Alter und Sexualität schließen sich für Ralf dabei keineswegs aus. »Mit 60 ist man nicht mehr 30, das ist klar. Es funktioniert zwar noch alles und die versauten Fantasien sind im Kopf wie eh und je. Ich weiß noch nicht, ob das quälend ist oder ein Segen.« Andere Dinge lassen allerdings nach. »Man latscht nicht mehr über die Straße und flirtet, man mutiert zum alten Sack. Bei GayRomeo bin ich schon ewig nicht mehr, da fand ich ältere Männer immer eher tragisch. Ich habe ein paar Telefonnummern im Handy und sonst bin ich zum Glück Pornojunkie wie mein Vater.« Und das mit Genuss. Auch zu Sexualität im Alter gibt es natürlich einen passenden Comic: *Herbst in der Hose.* Ralf nimmt es wie immer mit Humor: »Bis zum Winter ist hoffentlich noch etwas Zeit.«

························

BAMBI MERCURY

························

»Wenn man sich selbst eingesteht, wer man ist, und sein wahres Ich akzeptiert, geht es bergauf.«

Eine Drag Queen tanzt als Ursula aus *Arielle, die Meerjungfrau* auf der Bühne. Sie trägt eine schwarze, mit Pailletten bestickte Corsage und ewig lange Tentakel, die von der Hüfte bis zum Boden reichen. Die Haut ist lila, das Gesicht aufwendig geschminkt und der Bart sowie die welligen Haare weißblond gefärbt. Aus den Boxen dröhnt »Sweet Dreams (Are Made Of This)« von Eurythmics. Ursula wirbelt herum, betört die Jury, bewegt die Hüften im Takt.

»Das Kostüm ist mega«, kommentiert Bill Kaulitz.

»Wahnsinn«, findet Conchita Wurst.

»Wow! Mit 'nem riesengroßen W vorne«, buchstabiert Heidi Klum.

Leona Lewis ist sprachlos.

Bambi Mercury war eine der zehn Teilnehmer*innen der ersten Staffel von *Queen of Drags*, Deutschlands Antwort auf *RuPaul's Drag Race* aus Amerika. Eine Casting-Show, in der ProSieben die beste Drag Queen Deutschlands suchte. In Folge drei, die das Motto »Fairytale« hatte, gab Bambi ihre Version von Disneys Ursula zum Besten. Fantasievoll und elegant, mit einem Hauch von nuttig. Ausgestrahlt wurde *Queen of Drags* vor einem Millionenpublikum in Deutschland. Damit ging für Bambi, die in Rheine aufgewachsen ist, ein großer Traum in Erfüllung.

Angefangen hat ihre Karriere 2014 am Kottbusser Tor in Berlin, ein Platz, der von Obdachlosen, Drogendealern und Polizeieinsätzen dominiert wird. Und dann ist da das Südblock, ein queeres Café und Restaurant mit Barbetrieb. Vor einigen Jahren fanden dort Public Viewings von *RuPaul's Drag Race* statt und im Anschluss traten Berliner Drag Queens auf. Auch Bambi war dort, zuerst aber nur als Gast. »Ich war mit meinem damaligen Partner in dieser Bar und habe das erste Mal *Drag Race* gesehen. Ich dachte mir: Wow, das ist ja richtig cool! Anschließend sind Local Queens aufgetreten. Ich fand das alles so toll!« Eine Drag Queen performte den Song »Running up that hill« von Kate Bush. »Auf der Bühne ist sie in einem Jogginganzug gelaufen, hatte einen Ventilator vor sich, in den ein Typ Laub und Wasser warf, damit sie das abbekam. Dann lief sie da mit dieser riesigen Perücke ... Das war so mega lustig! So anders als das, was ich dachte, das Drag ist.« Bambi war geflasht. In diesem Moment stand fest: Das will sie auch machen! Sie wollte in Kleidern auf der Bühne stehen, performen und als schwuler Mann ihre Kreativität und Feminität ausdrücken.

Sie schrieb der Drag Queen am nächsten Tag auf Facebook, erhielt prompt eine Antwort. »Sie meinte: ›Ja, komm doch einfach mal in Drag vorbei.‹ Ich dachte mir: Okay, warum nicht? Irgendwann mache ich das mal. Zwei Tage später schrieb sie mir, dass jemand ausgefallen sei und bald eine Eighties-Party stattfinden würde.« Bambi sollte das erste Mal performen. »Ich dachte nur: Scheiße, ich hab keine Klamotten und keine Ahnung, wie man sich schminkt!

»ICH WAR MIT MEINEM PARTNER IN DIESER BAR UND HABE DAS ERSTE MAL *DRAG RACE* GESEHEN. ICH DACHTE MIR: WOW, DAS IST JA RICHTIG COOL!«

Ein Freund half mir aus.« Bambi lieh sich Klamotten, ließ sich schminken – und war verdammt glücklich. »Ich dachte, ich wäre die allergeilste Drag Queen auf der Welt. Heute muss ich sagen: Ja, auf dem Strich vielleicht. Ich sah schon sehr preiswert aus. Also, das ist keine Herabwürdigung für Damen, die in dem Gewerbe tätig sind. Ich sah nur wie eine sehr, sehr, sehr billige Version von Britney Spears aus.«

Als der Look stand, brauchte Bambi noch einen Namen. »Freunde haben mich schon immer Bambi genannt, weil ich so große Knopfaugen habe.« Den Nachnamen borgte sie sich von ihrem größten Idol: »Ich bin absoluter Queen- und Freddie-Mercury-Fan. Zu der Zeit habe ich sämtliche Dokus über ihn geschaut. Ich wollte nicht Bambi Glamour oder Trash oder sonst wie heißen. Ich dachte, wenn ich mal bekannter bin und jemandem einen Preis überreichen darf, dann möchte ich einen Namen haben, der gut klingt und den ich mir auf meinem Grabstein vorstellen kann.« Bambi Mercury war geboren.

Bis heute ist vielen nicht klar: Drag Queen zu sein bedeutet nicht, transident zu sein. Welche Pronomen eine Drag Queen verwendet, entscheidet sie selbst. Viele Drag Queens benutzen weibliche Pronomen. Das bedeutet aber nicht, dass unter den Kleidern kein Mann steckt. Frauen hingegen, die als Männer performen, nennt man Drag Kings und verwenden meist männliche Pronomen.

Bambi wurde erst über einen langen Zeitraum ein fester Teil der Berliner Drag-Szene. Währenddessen musste sie vor allem an ihrem Make-up feilen. »Dadurch, dass ich meinen Tagesjob hatte, konnte ich nur ein- bis zweimal im Monat auftreten. Es hat außerdem sehr lange gedauert, bis ich mich schminken konnte. Ich sah anfangs aus wie ein Mülleimer.« Auf der Bühne fühlte sie sich trotzdem stark, ganz egal, wie ihr Make-up aussah. »Ich habe die Leute trotzdem entertaint. Es kommt nur auf die Message und den Spaß an. Wie man aussieht, ist Nebensache.« Sie versuchte in erster Linie, immer authentisch zu sein, und begeisterte damit ihr Publikum. »Ich wollte nie die schönste, aufpolierteste Queen sein oder wie eine biologische Frau aussehen. Ich wollte mich einfach nur wohlfühlen.«

Dafür erntete sie jedoch in der Berliner Drag-Szene auch Kritik: »Man wollte mir immer vorschreiben, wie ich auszusehen und zu performen habe.« Doch Bambi blieb trotzig und verfolgte ihre Träume. »Ich wollte DJane sein und Musik machen«, erzählt sie. Also legte sie in Szeneclubs wie dem Schwuz auf und stellte eigene Songs und Mash-ups ins Internet. »Es war hart, sich das zu erarbeiten. Am Anfang haben sich die Leute über mich lustig gemacht, mir nichts gegönnt und meinten: ›Guck dich mal an – was soll das denn?‹« Wegen ihrer Einzigartigkeit wurden die Redakteur*innen von ProSieben auf sie aufmerksam. »Für *Queen of Drags* wurde ich, wie die anderen auch, auf Instagram angeschrieben. Ich dachte mir erst: Nö, das mach ich nicht. Was ist das denn für ein Müll? Ich habe aber meine Drag-Freundin Candy Crash gefragt, die meinte, ich solle das auf jeden Fall machen.« Bambi sprach stundenlang mit den Produzent*innen und saß knapp ein halbes Jahr später im Flieger nach Los Angeles. »Als noch nicht bekannt war, wer die Teilnehmerinnen sind, hieß es aus der Community: ›Nein, du passt da nicht rein. Du hast einen Bart. Du machst kein Drag. Schau dich doch nur mal an ...‹ Zu dem Zeitpunkt wusste ich aber schon, dass ich dabei war. Das war ein kleiner Triumph für mich.« Und Triumphe konnte Bambi sehr gut gebrauchen.

Bambi heißt eigentlich Tim und ist in Rheine aufgewachsen, einer westfälischen Stadt mit etwa 80.000 Einwohnern. Sie erinnert sich noch ganz genau, wie das Aufwachsen dort war: »Ich habe mich wie der Schwule bei *Little Britain* gefühlt – ich war der einzige im Dorf.« Schon im Kindergarten hat sie sich als kleiner Junge gerne verkleidet und geschminkt. Sie interessierte sich eher für »Mädchenkram«, für Puppen, zeichnete, war kreativ.

»Ich war als Kind naiv und komplett neutral allem gegenüber eingestellt. Ich aber wurde schon früh gehänselt. Ich war ein sehr emotionales Kind. Die anderen sagten, ich sei ein Mädchen, weil alles, was Mädchensachen waren, eher meins war.« Wenn Jungs da waren, war sie schüchtern und hielt sich zurück. Bambi bemerkte schnell, dass sie nicht wie die anderen Kinder behandelt wurde. Als wäre sie nicht »Junge genug«. »Als kleines Kind hörst du die Erwachsenen, die sagen: ›Das geht gar nicht, wie der sich gibt und benimmt.‹ Natürlich gab es auch Stimmen, die meinten: ›Lass ihn doch, er ist ein Kind, ist doch nicht schlimm.‹ Das war alles sehr verwirrend.«

Wie jedes andere Kind wollte Bambi geliebt und akzeptiert werden. Also passte sie sich an und versuchte, ein »richtiger« Junge zu werden. »Um meinem Vater zu gefallen und meinen Platz in der Gesellschaft zu finden, habe ich zwei Jahre Fußball gespielt. Ich dachte, wenn ich tue, was ein richtiger Junge tut – Gott, ich klinge wie Pinocchio! –, dann werde ich endlich akzeptiert und mein Vater wird anders mit mir umgehen. Es war der reinste Albtraum. Heute kann ich verstehen, dass Fußballer sich erst nach ihrer Karriere outen.«

Jedes Mal, wenn Bambi zum Training musste, zog sich ihr Magen zusammen. Sie traute sich nicht, mit den anderen Jungs zu duschen. Auch im Fußballverein wurde sie gehänselt. »Die Trainer haben sich über mich lustig gemacht. Irgendwann stand ich auf dem Fußballfeld und die anderen Jungs meinten: Du bist eh ein Mädchen. Ich habe dann meine Hose runtergezogen, um zu beweisen, dass ich kein Mädchen bin.« Stille. Keiner sagte etwas. »Als ich meine Hose wieder hochgezogen habe, hat mir ein Junge gesagt: ›Du bist trotzdem ein Mädchen.‹« Verzweiflung machte sich in Bambi breit, trotz sportlicher Leistung konnte sie keine Freunde gewinnen. »Wenn wir

....
»AUS DER COMMUNITY HIESS ES: ›NEIN, DU PASST DA NICHT REIN. DU HAST EINEN BART. DU MACHST KEIN DRAG.‹ ZU DEM ZEITPUNKT WUSSTE ICH ABER SCHON, DASS ICH DABEI WAR. DAS WAR EIN KLEINER TRIUMPH.«
....

Turniere hatten, war ich immer richtig gut. Dann gab es auch einen Zusammenhalt. Vor und nach den Spielen war es jedoch schlimm. Irgendwann stand ich im Tor. Da waren Kinder, die mich kacke fanden. Zu dritt haben die mich mit Bällen beschossen. Ich hab irgendwie versucht, mich zu wehren. Anschließend taten mir meine Arme weh. Alle meinten: ›Ach, ist doch nichts.‹ Ich musste anschließend ins Krankenhaus. Ich hatte zwei angebrochene Arme.«

Die »Mädchen«-Rufe wurden zu »Schwuchtel«-Rufen, als Bambi zehn war. Sie schaltete auf Abwehr. »Mit seiner eigenen Sexualität setzt sich der Mensch erst recht spät auseinander. Heute, dank Social Media, passiert das früher. Aber damals habe ich immer ›Nein, nein, nein‹ gesagt, wenn mich jemand als schwul bezeichnet hat. Stimmt nicht, ich bin nicht schwul. Ich wusste nicht einmal, was das ist.«

In Bambis Nachbarschaft wohnte ein schwules Paar, über das sich die Nachbarn lustig machten. »Ich auch ... Ich wollte nicht das schwarze Schaf sein, das wieder alles abbekommt. Zu der Zeit hatte ich eine sehr negative Sichtweise auf Homosexualität, weil mein Umfeld so damit umgegangen ist.« Für Bambi wurde es dadurch nur noch schwerer, sich mit ihrer Sexualität auseinanderzusetzen. »Ich dachte, wenn andere das Opfer sind, bin ich fein raus. Aber dann habe ich gemerkt, dass ich doch anders bin. Ich habe angefangen, von Jungs aus meiner Schule zu träumen. Ach du Scheiße!, dachte ich. Jetzt haben die doch Recht.« Um sich selbst und den anderen zu beweisen, dass sie nicht schwul ist, ging Bambi Beziehungen mit Mädchen ein. Aber jedes Mal, bevor es ernst wurde, beendete sie diese.

»Als kleines Kind habe ich schwule Menschen in Talkshows gesehen, Olivia Jones zum Beispiel. Einmal saß ich mit meiner Mutter vor dem Fernseher und habe gefragt: ›Mama, was ist denn, wenn ich schwul bin?‹ Meine Mutter sagte: ›Wir werden dich lieben und akzeptieren, als wärst du unser eigenes Kind.‹ Ich dachte mir nur: Hallo, ich bin euer eigenes Kind?!«

Mit elf merkte Bambi das erste Mal, dass sie Männer liebt. Mit zwölf outete sie sich – trotz des Olivia-Jones-Vorfalls – ihrer Mutter gegenüber. »Sie war total überfordert. Sie konnte gar nichts damit anfangen. Ich bat sie, es für sich zu behalten.« Diesen Wunsch respektierte Bambis Mutter aber nicht. Im Gegenteil. »Fünf Minuten später saß ich im Wohnzimmer und musste mich vor meiner Mutter und meinem Vater rechtfertigen. Meine Sexualität wurde infrage gestellt, weil ich noch nie mit einer Frau geschlafen hatte. Sie meinten, ich könne es doch gar nicht wissen.« Bambi fühlte sich übergangen und verletzt. »Das Ding ist, wenn man sich so öffnet, macht man sich nackt und angreifbar.« Nach dieser schlimmen Erfahrung versuchte sie, Geborgenheit und Akzeptanz außerhalb ihrer Familie zu finden. »Ich outete mich der besten Freundin meiner Mutter gegenüber. Sie hat sehr positiv reagiert.« Zu Hause wurde Bambis Coming-out hingegen seither totgeschwiegen.

Die Ablehnung ihrer Familie und die Ablehnung in der Schule und im Sportverein wirkten sich auf Bambis Psyche aus. Sie ging durch eine dunkle Zeit. »Es gab Momente, in denen ich dachte, dass es vielleicht besser wäre, nicht mehr auf dieser Welt zu sein. Ich hatte aber zu viel Schiss, um diesen Schritt zu gehen. Auf der anderen Seite war meine größte Angst, zu mir selbst zu stehen.« Bambi konnte nicht zu sich selbst stehen, weil kaum jemand zu ihr stand. Sie war auf sich allein gestellt. Doch aus dieser Position heraus lernte sie letzten Endes Kraft zu schöpfen: »Wenn man sich selbst eingesteht, wer man ist, und sein wahres Ich akzeptiert, geht es bergauf.«

Um an diesen Punkt zu gelangen, outete sich Bambi gegenüber ihrer Schulfreundin Kathrin. »Ich meinte: ›Ich muss dir was sagen.‹ Da sagte sie schon: ›Haha, das wusste ich eh schon immer, und jetzt?‹« Nach dem Coming-out fasste Bambi auch den Mut, die Jugendlichen zu konfrontieren, die sie hänselten. Sie wurde stärker. »Wenn ich entgegnete: ›Ja, du hast Recht, ich bin schwul‹, dann hat sich das meist ganz schnell, erledigt.« Mit jedem Coming-out und jeder Konfrontation wurde es leichter. Es ging bergauf. Bambi musste lernen, nicht die anderen dazu zu bringen, sie zu lieben – sondern sich selbst.

Mit 15 hatte sie ihren ersten Freund, Benni aus Bremen. »Morgens am Frühstückstisch habe ich gesagt: ›Mama, Papa, ich bin schwul. Daran hat sich nichts geändert. Und der Benni ist mein Freund.‹ Mein Vater ist aufgestanden, hat nichts gesagt und ist zur Arbeit gefahren. Meine Mutter hat auch nichts gesagt. Zwei Wochen lang.« Für Bambi stand fest: Sie musste sich weiter befreien. Schwul leben. Frech und wild und wunderbar sein. »Man kann Dinge nicht nur tun, um es den Eltern oder anderen Menschen rechtzumachen. Wie viele Menschen haben in ihrem Leben alles versteckt und waren unglücklich? Das wollte ich auf gar keinen Fall!«, fasst sie ihre Erkenntnisse zusammen.

Sie ließ Rheine mit 16 hinter sich, lebte einige Jahre mit Benni in Bremen, machte eine Ausbildung, zog anschließend nach Frankfurt am Main, wo sie zum ersten Mal in schwule Clubs ging. Inzwischen ist sie in Berlin angekommen und erfolgreich als Drag Queen und DJane. Und Bambi, beziehungsweise Tim, ist Vater von Zwillingen geworden. Im Dezember 2019 kamen Frieda und Victoria zur Welt. Bambi erfüllte sich damit einen Lebenstraum.

Bereits bei *Queen of Drags* erzählte sie Heidi Klum vor der Kamera, dass sie bald Papa werden würde. Es folgten Schlagzeilen in den gängigen Klatschmagazinen und Hasskommentare auf Instagram. »Die Medien haben geschrieben, dass meine Freundin eine Leihmutter sei. Das war falsch – sie ist die Mutter und die Kinder wachsen auch bei ihr auf. Das fand ich sehr schade. Auf Instagram gab es natürlich auch ein bisschen Hass. Menschen, die geschrieben haben: ›Die armen Kinder, sowas darf sich nicht vermehren, die hätte man abtreiben müssen.‹ Das

> »AUSBILDUNG, STUDIUM, HOCHZEIT, HAUS BAUEN, KINDER BEKOMMEN, MIT DEM HUND IM GARTEN SPIELEN. ICH DACHTE IMMER, DAS KÖNNTE ICH NICHT HABEN, WEIL ICH SCHWUL BIN.«

Feedback war letzten Endes aber überwiegend positiv.« Trotzdem liest Bambi seitdem kaum noch Kommentare und zeigt ihre Kinder nicht im Internet. »Wir haben eine kleine Familie. Natürlich mit wenig Schlaf, dafür haben wir zwei total tolle ›Biester‹. Den Kindern geht es gut, sie werden ein tolles Leben haben und es wird ihnen an nichts fehlen.«

Bambi genießt es, endlich Papa zu sein. »Als junger Erwachsener dachte ich immer, dass es gar nicht möglich sei, als schwuler Mann eine Familie zu gründen. Wir wachsen mit diesen Erwartungen auf: Ausbildung, Studium, Hochzeit, Haus bauen, Kinder bekommen, mit dem Hund im Garten spielen. Ich dachte immer, das könnte ich nicht haben, weil ich schwul bin.« Mit ihrer Geschichte möchte sie ein Vorbild sein und zeigen: Doch, es geht – du kannst all das als queerer Mensch haben, was du dir wünschst.

Die Patchworkfamilie, Bambi und ihre Freundin, lebt in Berlin. Sie ziehen die Kinder gemeinsam groß. Bambi ist Single, hat den richtigen Mann noch nicht gefunden. Bei *Queen of Drags* sowie vor, während und nach der Schwangerschaft wurde Bambi von ihrer Freundin und Drag-Kollegin Candy Crash begleitet. Sie war bei der Geburt dabei und wird ein fester Bestandteil im Leben der Kinder sein. Im Kleid, mit Louboutin-Heels und einer Perücke auf dem Kopf.

»WIR WERDEN JEDEN TAG MIT DER HETERONORMATIVITÄT KONFRONTIERT. DAS, WAS FÜR HETEROS NORMAL IST, IST FÜR UNS NICHT NORMAL. WIR SIND FROH, WENN WIR MAL JEMANDEN SEHEN, MIT DEM WIR UNS IDENTIFIZIEREN KÖNNEN.«

Auch Bambis Eltern sind stolz. Sie haben sich mit jedem Partner, den Bambi ihnen vorgestellt hat, an ihre Sexualität gewöhnt und gelernt: Schwul zu sein ist ganz normal. Bambi hat ihnen mittlerweile vergeben. »Sie sind in der DDR aufgewachsen, da galt Homosexualität als asozial und war sogar illegal. Ich kann heute nachvollziehen, dass sie mich damals nicht verstanden haben. Es ging dabei gar nicht um mich, sondern um ihre Angst, was die Nachbarn denken würden.« Bambis Eltern unterstützen sie bei ihrer Karriere als erfolgreiche Drag Queen, auch wenn sie nicht immer verstehen, was ihr Sohn eigentlich macht. »Das ist eine komplett andere Welt. Ich glaube nicht, dass sie damit immer etwas anfangen können. Aber sie finden es toll und sie wissen, dass ich glücklich und erfolgreich bin.«

Zu Bambis Glück trug auch *Queen of Drags* bei, wo sie ermutigt wurde, ihr Ding durchzuziehen. »So nach dem Motto: Scheiß auf die anderen. Ich konnte Sachen ausprobieren, habe andere verrückte Menschen kennengelernt. Ich durfte dem treu bleiben, was mich ausmacht, was mir gefällt und was gut für mich ist.« Sie gewann nicht nur neue Freunde dazu, sondern auch Mentoren wie Sänger*in Conchita Wurst.»Sie hat einmal zu mir gesagt: Du machst das alles nur für dich, nicht für die anderen.« Bambi behielt ihren Bart, spielte mit Geschlechtergrenzen und bewegte sich weiterhin zwischen Unterhaltungskunst und Performance Art. Zwischen Britney Spears und Klaus Nomi. Zwischen Bambi und Freddie Mercury.

Mit ihrer Teilnahme an der Casting-Show wurde sie zum Vorbild für junge queere Menschen, denen es genauso geht wie ihr damals in Rheine.»Es ist wichtig, dass viel Queerness im deutschen Fernsehen gezeigt wird. Ich höre oft, dass es CSDs gibt und dass es doch nicht sein muss, dass man sich so präsent zeigt. Doch, das muss sein! Wir werden jeden Tag mit der Heteronormativität konfrontiert. Das, was für Heteros normal ist, ist für uns nicht normal. Wir sind froh, wenn wir mal jemanden sehen, mit dem wir uns identifizieren können. Wir sind ganz normale Menschen und Teil dieser Gesellschaft. Es ist wichtig, genau das der Masse zu zeigen.«

Bambi lebt heute so, wie sie es möchte. Sie hat sich von den Stimmen ihrer Kindheit und Jugend befreit. Heute ist sie ein Mann und eine Drag Queen, schwul und Vater. Sie lässt sich nicht vorschreiben, wie sie zu sein hat. Während des Interviews trägt sie weder Make-up noch Kostüm, zeigt sich als Tim. Beanie auf dem Kopf, ein dunkles T-Shirt an, das die Tattoos an den Armen freilegt, ein bisschen Schmuck an den Ohren. Berliner Streetstyle. Und ein Kontrastprogramm zu ihren Bühnenoutfits. Letzten Endes kommt es nicht darauf an, ob Bambi in einem aufwendigen Ursula-Kostüm auf der Bühne tanzt oder ob sie in einem Interview casual von ihrer Geschichte erzählt – es kommt auf die Message an. Und die ist bei Bambi immer:»Wow! Mit 'nem riesengroßen W vorne«, wie Heidi Klum sagen würde.

AQUAMARIN

»Ich glaube, dass es für die Jungs damals
so wichtig war, mich zu schikanieren
und zu demütigen, um ihre eigene
Heterosexualität zu verteidigen.«

»Ich habe mich schon als Kind anders gefühlt. Anders als die anderen. Dieses Gefühl begleitet mich schon mein Leben lang«, erklärt YouTuber Aquamarin. Er kommt aus einem kleinen Dorf in der Nähe von Linz in Österreich. Er hatte eine sehr ruhige und schöne Kindheit, wuchs behütet auf – bis seine Sexualität ein Thema wurde. »Die anderen Kinder haben früh gemerkt, dass ich anders bin. Es sind sehr schlimme Dinge passiert. Mobbing, körperliche Gewalt, Ausgrenzung.« In der Schule wurde er jahrelang »Schwuchtel«, »Mädchen« und »Homofürst« genannt.

Ein Indiz, das die anderen Kinder hatten, war, dass er lieber mit Mädchen spielte und sich somit von den anderen Jungs abhob. »Ich hatte schon in der Kindergartenzeit das Gefühl, dass ich mich besser mit Frauen verstehe.« Die Jungs hingegen ließen ihm lange die Nackenhaare aufstehen. Aus Angst. »Durch das Mobbing, das ich wegen meiner Sexualität erlebt habe, waren Männer für mich immer gefährlich. Auf der anderen Seite habe ich mich zu Männern hingezogen gefühlt. Ich wurde gedemütigt und hatte gleichzeitig ein sexuelles und romantisches Verlangen. Es hat sehr lange gedauert, bis ich das für mich aufarbeiten konnte.«

Mit zehn Jahren bekam Aquamarin das erste Mal das Gefühl, dass er schwul sein könnte. Er versuchte, sich wie seine Mitschüler mit Mädchen zu treffen. Richtig fühlte sich das aber nie an. »Ich hatte das Gefühl, dass es weder richtig noch besonders toll war. Ich wollte nie weitergehen, hatte nie sexuelles Verlangen, es waren nur Kindergartenspiele.« Mit 14 Jahren verliebte er sich in den ersten Jungen, in einen Klassenkameraden. »Da ist mir dann endlich ganz bewusst geworden, dass ich schwul bin. Vorher wusste ich gar nicht, dass es Homosexualität überhaupt gibt. Das war für mich immer nur eine Beleidigung gewesen. Ich habe ihm einen Liebesbrief geschrieben.« Der Junge war eigentlich sein Kumpel. »Er hat mich ständig umarmt, war mir körperlich nah. Für mich war das eine ganz neue Erfahrung.«

Nachdem Aquamarin seinem Freund den Brief gegeben hatte, las dieser ihn der ganzen Schulklasse laut vor. Eine Demütigung. »Ich fühlte mich nackt und entblößt. Dieser Brief war nur für diesen einen Jungen bestimmt – und dann stand ich schutzlos und hilflos da. Ab da wurde es schwer, mich auf Jungs einzulassen. Ich hatte jedes Mal wieder Angst, dass so etwas passieren würde, wenn ich mich öffne.« Die Freundschaft zerbrach in der Folge und Aquamarin hatte das erste Mal ein gebrochenes Herz. »Der Liebeskummer war noch schlimmer als das öffentliche Vorlesen.« Obendrein wurde das Mobbing schlimmer. Alle wussten nun, dass Aquamarin tat-

»ICH MUSSTE SELBST DAMIT FERTIGWERDEN. NIEMAND HAT SICH FÜR MEINE SITUATION INTERESSIERT. HEUTE GLAUBE ICH, DASS MICH DAS STÄRKER GEMACHT HAT.«

sächlich schwul war, und fühlten sich in ihren Beleidigungen bestätigt. »Natürlich haben mich vor allem die Jungs weiter gedemütigt – auch der Junge, dem ich den Brief geschrieben hatte.« Hilfe kam von niemandem: weder von den Lehrern noch von den Klassenkameraden oder seinen Freunden. Aquamarin war auf sich allein gestellt. »Ich musste selbst damit fertigwerden. Niemand hat sich für meine Situation interessiert. Heute glaube ich, dass mich das stärker gemacht hat.«

Seinen Schulfreunden gegenüber musste er sich nie outen – es wurde ihm entrissen.

Er baute sich ein Schneckenhaus, in dem er sich verstecken konnte. »Damals war ich sehr schüchtern, eine graue Maus. Ich habe mich zurückgezogen, weil ich mich dadurch sicherer fühlte. Ich hatte lange blonde Haare. Viele dachten, ich wäre ein Mädchen. Die langen Haare hatte ich aber nur, weil ich mich darunter verstecken wollte. Ich hatte nur mich. Ich musste lernen, mir selbst zu helfen.« Sein Ziel war es, andere Menschen möglichst auf Distanz zu halten – aus Angst vor Verletzungen und Angriffen. »Ich habe meine Sexualität gezielt nicht erwähnt und nicht gezeigt, weil ich nicht wollte, dass das ein Thema wird. Meine Sexualität sollte nicht mein größtes Merkmal sein, sondern meine Persönlichkeit.«

In seinem Schneckenhaus konnte Aquamarin zwar den anderen Jugendlichen aus dem Weg gehen, aber nicht sich selbst. Seine Homosexualität wurde ein immer größeres Thema für ihn. Das Verlangen, Jungs zu treffen, auch. Also meldete er sich auf Dating-Plattformen im Internet an – und fand dort mit 15 seinen ersten Freund.

Seinen Eltern erzählte er nichts davon – musste er auch gar nicht. »Ich wollte immer wieder bei ihm übernachten und Zeit mit ihm verbringen. Ich erfand Ausreden. Und ja, meine Eltern haben das natürlich irgendwann gecheckt und waren geschockt, als ich mich geoutet habe.« Seine Eltern akzeptierten seine Sexualität nicht, sie diskutierten mit ihm, drohten mit Konsequenzen. »Es gab lange Gespräche und Streitigkeiten. Anfangs sagten sie, dass ich meine Homosexualität nicht in ihrem Haus ausleben dürfe.«

....
»WAS ICH VORHER VERSTECKT HABE, KANN ICH AUF YOUTUBE AUSLEBEN. ALLE TEILE, DIE ZU MIR GEHÖREN, ZEIGE ICH DORT. MEINE SEXUALITÄT, MEINE LIEBE ZU SAILOR MOON UND COSPLAY – ALLES.«
....

Aquamarin fühlte sich stark verunsichert. Erst das Mobbing in der Schule, dann das Unverständnis seiner Eltern. Als er mit Anfang 20 in eine eigene Wohnung zog, wurde es besser. »Bei den Problemen zu Hause ging es nicht nur um meine Sexualität, sondern auch um Persönlichkeiten, Einstellungen und Dinge, in denen manche Menschen besser zusammenpassen als andere.« Mit seinen Eltern versteht er sich dank der räumlichen Distanz wieder gut – vor allem, wenn es um seine Homosexualität geht. »Das ist kein Streitpunkt mehr. Mein Schwulsein wird mir nicht mehr vorgeworfen. Höchstens, dass meine Mutter mal sagt: ›Willst du es nicht doch mal mit einer Frau versuchen? Die würde so gut zu dir passen.«« Aquamarin weiß, dass sie es nicht böse meint oder ihn ändern will. »Ich glaube, sie möchte mir eher helfen, weil ich immer noch Single bin. Sie hatte Angst, dass ich es schwer haben würde, weil ich schwul bin. Unsere Beziehung hat sich um 180 Grad gewendet, alles ist gut. Ich gebe meinen Eltern auch nicht die Schuld für ihre Reaktion damals. Wie gesagt, sie wussten es nicht besser.«

In seiner Jugend hatte Aquamarin zwar Probleme mit seinen Eltern, es gab aber auch Familienangehörige, auf die er sich immer verlassen konnte, wie seine Großeltern. Ein richtiges Coming-out hatte er bei ihnen nicht. Das war auch gar nicht nötig. »Sie haben es einfach gemerkt und wussten spätestens seit meinem ersten Freund Bescheid. Es wurde nie darüber gesprochen. Ich bin sehr dankbar dafür, dass meine Großeltern das als so normal hingenommen haben.« Besonders mit seiner Großmutter hat er ein enges Verhältnis. »Die ist an allem interessiert, was ich mache. Sie will vorab die ersten Songs hören, wenn sie fertig sind. Ich habe von ihr das Nähen gelernt für meine damaligen Cosplays.« Sie kennen und verstehen sich so gut, dass Aquamarin ihr nie sagen musste, dass er schwul ist.

»Ich persönlich hasse das Wort Coming-out beziehungsweise Outing, weil ich es unnötig finde, dass ich erklären muss, wer ich bin. Wem schulde ich diese Erklärung? Wer muss das von mir wissen, außer dem Partner, den ich mir vielleicht einmal aussuchen werde?« Ein Coming-out ist für ihn etwas Negatives. »Es ist ein Herzeigen, was nicht normal mit mir ist. Und dieser Gedanke muss weg. Deshalb: Weggehen vom Coming-out und lieber durch Taten zeigen, wer man ist.«

Auf YouTube zeigt sich Aquamarin, wie er ist. Er verkleidet sich als Sailor Moon, teilt seine Cosplay-Bilder auf Instagram und besucht Conventions. »Was ich vorher versteckt habe, kann ich auf YouTube ausleben. Alle Teile, die zu mir gehören, zeige ich dort. Meine Sexualität, meine Liebe zu Sailor Moon und Cosplay – alles.« In einem Video springt er zum Beispiel als Sailor Moon verkleidet durch seine Wohnung, albert herum, ist lebendig. Von der grauen Maus mit langen Haaren ist nichts mehr zu sehen. »YouTube hat mir sehr geholfen, meine Unsicherheiten loszulassen und mehr ich selbst zu sein. Ich war so inspiriert von den unterschiedlichen Videos, die dort von YouTuber*innen gepostet wurden. Die Menschen leben sich dort kreativ aus und zeigen, was sie machen, was sie cool finden und wer sie sind.« Aquamarin beschloss: »Das kann ich auch. Ich habe so viel, was ich zeigen möchte und was ich cool finde.« Von da an postete er seine ersten Videos, zeigte sich unverstellt, öffnete sich seinem Publikum. Die Zuschauer*innen wurden zu den Freund*innen, Schulkamerad*innen und der Familie, die er sich als Teenager gewünscht hat: Sie waren da, hörten zu und akzeptierten ihn.

Mit der Zeit verwandelte sich der langhaarige Junge, den viele für ein Mädchen hielten, in einen aufgeschlossenen jungen Mann, der sich sehr privat auf YouTube zeigt. Die Haare trägt er heute kürzer – »wie Zac Efron in *High School Musical*, in den ich wahnsinnig verknallt war« –, er offenbart Teile seiner Persönlichkeit, für die er sich früher geschämt hat, und spricht offen über seine Sexualität. Der immer größer werdende Zuspruch spornt ihn an, mehr und mehr Videos hochzuladen. »Ich dachte erst, dass ich so anders wäre als alle anderen. Aber dann waren da auf einmal Menschen, die mich verstanden und genauso tickten.«

YouTube gab ihm außerdem die Möglichkeit, seine Liebe zur Musik auszudrücken. Auf seinem Kanal *Aquamarin* finden sich Coverversionen von Sarah Connors »Vincent«, »Queen of Mean« aus dem Disney-Film *Descendants 3* und »Let it go« aus *Frozen*. Singen ist seine große Leidenschaft. »Das habe ich von meiner Großmutter. Sie ist Sängerin und hat mich als Kind immer und überall singen lassen. Sie hat mich überallhin mitgenommen und gesagt: ›Jetzt sing das mal vor allen Leuten.‹« Später fing Aquamarin selbst an, Musik zu machen.

»Ich schreibe meine Songs aus reiner Selbsttherapie. Dadurch kann ich über Dinge nachdenken und meine Gedanken und Emotionen in Musik umwandeln.« So schafft er es, aus negativen Erfahrungen etwas Positives zu kreieren – auch aus seiner Jugend. »Ich glaube, dass es für die Jungs damals so wichtig war, mich zu schikanieren und zu demütigen, um ihre eigene Heterosexualität zu verteidigen. Vielleicht trauten sie sich auch nicht, sich frei auszuleben, und hauten drauf, wenn sie jemanden sahen, der es sich erlaubte, er selbst zu sein. Also projizierter Selbsthass.«

So sehr Aquamarin versucht, er selbst zu sein, kann er nicht abstreiten, dass er einen Teil seiner Vergangenheit immer noch mit sich herumträgt: Die fiesen Stimmen aus der Schule, die ihn beleidigten, erniedrigten und ihm sagten, dass er nichts wert sei. Das wirkt sich vor allem auf seine romantischen Beziehungen aus. »Mir fällt es schwer zu vertrauen. Ich gerate dazu jedes Mal an sehr, sehr schlechte Männer. Männer, die mich jedes Mal wieder verletzt haben. Mein Liebesleben ist

> »ICH HABE MIR GESCHWOREN, NIE WIEDER IN DIESER HILFLOSEN POSITION ZU SEIN. ICH MÖCHTE MICH NIE WIEDER SO FÜHLEN.«

dadurch etwas in Schieflage geraten.« Wann immer Aquamarin einen Mann kennenlernt und sie sich näherkommen, verkrampft er und kann sich nicht fallen lassen. Er versucht, sich zu schützen, zieht sich zurück, baut Mauern auf, um nicht verletzt zu werden. »Ich habe mir geschworen, nie wieder in dieser hilflosen Position zu sein. Ich möchte mich nie wieder so fühlen. Was meine Beziehungen angeht, brauche ich wahrscheinlich noch etwas Zeit.« Aquamarin ist sich durchaus bewusst, dass ihm seine Schutzmechanismen im Weg stehen. Denn selbst wenn er jemanden kennenlernt, der sehr lieb und gut zu ihm ist, kann er sich partout nicht auf die Nähe einlassen. »Das Problem bin meistens ich, nicht der andere.«

Es gab Zeiten, in denen Aquamarin die Eigenschaften gehasst hat, für die er gemobbt wurde: seine Sexualität, sein Anderssein, seine Besonderheiten. Als er sich outete, hatte er das Gefühl, das wäre etwas Negatives. Immerhin bedeutete schwul zu sein, angefeindet zu werden. »Aber sobald du dich für etwas outest, das du für dich selbst als positiv empfindest oder einfach als Charaktereigenschaft wahrnimmst, dann ist es auf einmal ganz anders. Dann beichtest du nicht, sondern du präsentierst dich.« Aquamarin musste erst lernen, sich selbst zu akzeptieren und zu lieben, bevor seine Sexualität etwas Positives für ihn sein konnte. Heute versucht er, anderen Menschen Kraft zu geben – so wie er damals Kraft bekommen hat. Über Social Media, auf YouTube und von seinem großen Vorbild Sailor Moon.

»ICH FINDE, DASS SICH BEIM THEMA SEXUALITÄT VIEL ZU VIELE MENSCHEN EINMISCHEN. SO WIE BEI MIR DAMALS IN DER SCHULE. ICH WÜNSCHE MIR, DASS ES RESPEKTVOLLER BEHANDELT WIRD.«

Outen muss sich Aquamarin heute nicht mehr. Auf der einen Seite ist die Gesellschaft offener geworden, auf der anderen Seite lebt er mittlerweile in einem Umfeld, in dem seine Sexualität eine Selbstverständlichkeit ist. »Ich bekomme heute von den heterosexuellsten Machos die nettesten Komplimente. Und die sind mittlerweile echt liebe Freunde von mir geworden.« Über die Zeit hat er gelernt: Menschen lassen sich nicht in Schubladen stecken. Nur weil man früher schlechte Erfahrungen gemacht hat, heißt das nicht, dass es für immer so weitergehen muss.

Anfeindungen gibt es aber leider auch nach wie vor. »Mir passiert es bis heute, dass ich komisch angeschaut werde oder mir ›Du Schwuchtel!‹ nachgebrüllt wird.« Was sich allerdings seit seiner Jugend geändert hat: Aquamarin versteckt sich nicht mehr, er wehrt sich. Sobald er die Angreifer*innen konfrontiert, hört das Mobbing auf und das stärkt ihn und sein Selbstbewusstsein. »Die glauben, wir ignorieren das oder nehmen das hin und gehen weiter und sind den ganzen Tag traurig, weil uns jemand ›Schwuchtel‹ genannt hat. Aber wenn plötzlich jemand aufsteht und das nicht einfach hinnimmt, dann ist es für die meistens ein Schock.« Aquamarin hat dadurch eine neue Freiheit gewonnen. »Ich kann durch die Straßen gehen und es ist mehr oder weniger egal, was jemand sagt. Es prallt einfach an mir ab.«

Seine Sexualität wird immer zu ihm gehören. Ein Teil von ihm, den er bedingungslos annehmen und akzeptieren muss, wenn er glücklich sein möchte. Es ist aber auch ein Thema, das er vor allem mit sich selbst ausmachen muss. »Ich finde, dass sich beim Thema Sexualität viel zu viele Menschen einmischen. So wie bei mir damals in der Schule. Ich wünsche mir, dass es respektvoller behandelt wird.« Auch das Schubladendenken stört ihn. »Gerade wenn man ›schwuler Mann‹ hört, sind es meist die ärgsten heterosexuellen Machos, die damit ein Problem haben, weil sie ein gewisses Bild im Kopf haben: Ein schwuler Mann geht mit gebrochenem Handgelenk und Nagellack durch die Welt.« Für Aquamarin gibt es jedoch ganz viele unterschiedliche Menschen, jeder sollte als Individuum betrachtet werden. »Ich finde es sehr wichtig, dass man einen Menschen als komplette Person wahrnimmt und nicht nur die Sexualität.«

Aquamarin erzählt seine Geschichte, um anderen Mut zu machen. Um zu zeigen: Es kann besser werden – auch wenn nicht alles perfekt ist und Selbstakzeptanz Zeit braucht. Am Ende müssen Aquamarins Zuschauer*innen allein durch ihr Coming-out und sich ihrer Angst stellen. Er kann höchstens ein Beispiel sein – seine Coming-outs sind nicht gut verlaufen und trotzdem hat er es geschafft, zu sich selbst zu stehen und sich zu finden.

DAVID LOVRIC

»Ich versuche, Verständnis für homofeindliche
Heteros aufzubringen, deren Erziehung
und Hintergrund zu verstehen, wo der Hass
herkommt. Das macht vieles einfacher.«

David Lovric befindet sich irgendwo zwischen Zukunftsfantasie und Nineties-Babe. Er trägt seine Augenbrauen rot geschminkt, die Lippen ebenfalls, an den Wangen leuchten Rouge und Highlighter. Die Lashes? Ewig lang! Dazu eine rote Sonnenbrille, die die Sängerin Anastacia in den 2000er-Jahren vor Neid hätte erblassen lassen. All das kombiniert er mit einem roten Kunstfellmantel. Mit seinem Look möchte David ein Statement setzen: So kann ein Mann im 21. Jahrhundert aussehen, ohne gleich als weniger männlich zu gelten. Die Grenzen zwischen den Geschlechtern verschwimmen. David möchte mit Stereotypen brechen, Grenzen überschreiten, als Mann mit seiner eigenen Femininität in Kontakt treten und diese zum Ausdruck bringen.

Aus diesem Grund nahm er auch an der zweiten Staffel von *Prince Charming* teil, RTLs schwuler Dating-Show.»Ich nutze das als Plattform, klar. Von Familienmitgliedern habe ich oft gehört: ›Nein, das kaufe ich dir nicht, das sollst du nicht anziehen, das sieht schwul aus.‹« Um es sich selbst und anderen leichter zu machen, möchte David alternative Lebensrealitäten zum heteronormativen Lebensmodell in den Medien präsentieren: Es ist okay, sich als Mann zu schminken, High Heels zu tragen, einen anderen Mann zu lieben. Nach dem Motto: Tu das, was dir Spaß macht!

Diesem Credo ist er schon als Kind gefolgt. Aufgewachsen ist David bei seiner alleinerziehenden Mutter in Bonn, ein Vater fand in seinem Leben nicht statt. Als Kind faszinierte ihn bereits Mode, damals war er von Color Blocking begeistert.»Das war mein A und O, eine grüne Hose und ein orangenes T-Shirt. Oder eine rote Hose und ein knallblaues T-Shirt. Ich sah schon sehr chaotisch aus«, lacht er heute. Die Reaktionen damals? Negativ.»Kinder sind ganz, ganz böse. Ich habe Mobbing erlebt, in Richtung von: ›Was hast du schon wieder für eine Scheiße an?‹ oder: ›Du Scheißschwuchtel‹, sowas alles.« Obwohl er seine bunte Kleidung sehr mochte, versuchten die anderen Kinder, sie ihm zu verbieten.

Das Mobbing begann in der fünften Klasse auf der Gesamtschule. »Ich war damals sehr sensibel. Ich habe mich auch selbst verletzt und war Selbstmordgedanken sehr nah.« Damals wusste David nicht, was schwul zu sein überhaupt bedeutete. Er verstand nicht, wieso er von den anderen ausgegrenzt und angefeindet wurde. Das stieß ihn in ein tiefes Loch, aus dem ihm zum Glück seine Familie und sein Freundeskreis heraushalfen. Dass David sich tatsächlich etwas antat, wurde dank dieser Unterstützung verhindert.

David wurde aber nicht nur zum Mobbing-Opfer, weil er schwul war. »Ich war schon immer das Kind, das aus der Reihe tanzte. Ich hatte ADHS und brauchte sehr viel Aufmerksamkeit.« Aufgrund des Aufmerksamkeitsdefizits gab es viele Arzttermine, er ging zur Ergotherapie und zum Psychologen. »Wir haben das Mobbing zwar aufgearbeitet, aber meine Sexualität war dabei komischerweise nie ein Thema und somit konnte ich damit auch nie in Kontakt treten.« Darüber hinaus war David damals stark übergewichtig, trug eine Brille und eine Zahnspange. Alles potenzielle Angriffspunkte, wie sie sich der Autor einer amerikanischen Teenie-Komödie nicht besser hätte ausdenken können. Der 15-Jährige tat alles, um abzunehmen, trug Kontaktlinsen und wurde schnellstmöglich die Zahnspange los. Zeit für die Auseinandersetzung mit seiner Sexualität blieb dabei nicht. Und obwohl seine äußerlichen Probleme irgendwann verschwunden waren, war trotzdem etwas noch nicht ganz richtig. David fühlte sich merkwürdig, irgendwie fehl am Platz.

Der Grund: Er konnte sich selbst nicht finden, weil er sich nicht eingestehen konnte, dass er Männer liebt – besser gesagt: dass er *nur* Männer liebt. »Ich habe zu Beginn behauptet, als ich 15 oder 16 war, ich

> »MIT 15, 16 HABE ICH BEHAUPTET, ICH SEI BISEXUELL. DAS IST NOCH AKZEPTABEL IN DER GESELLSCHAFT, ABER NATÜRLICH STIMMTE DAS NICHT. ICH BIN SCHWUL.«

sei bisexuell. Das ist noch akzeptabel in der Gesellschaft, das geht gerade noch, aber natürlich stimmte das nicht. Ich bin schwul.« Dennoch probierte sich David mit Mädchen aus und hatte sogar eine Freundin. »Mit Augenzwinkern. Wir waren nur drei Wochen zusammen. Kennt man, ne? Die armen Mädels, die wir gedatet haben ...« Hinter seinem heterosexuellen Anbandeln sieht David heute keinen Zwang, sondern eher eine Phase des Ausprobierens. »Das ist bis heute ein großer Teil von mir. Ich probiere gerne neue Sachen aus – auch sexuell. Um sich weiterzuentwickeln, muss man offen bleiben.«

Mit 17 hatte David das erste Mal Sex mit einem Mann. »Vorher habe ich nie darüber nachgedacht, dass ich schwul sein könnte. Das war für mich eher etwas, mit dem andere mich beleidigten – und keine Sexualität oder sexuelle Identität.« Damals traf er sich mit dem bisexuellen Freund einer Freundin. »Plötzlich ist zwischen uns etwas gelaufen und ich dachte mir: Ja, klar! Ich bin ja bisexuell. Schwul zu sein kam mir immer noch nicht in den Sinn.«

Nach der intimen Situation mit dem anderen Jungen vertraute David sich seiner Mutter an. »Ich bin zu ihr und sagte: ›Ich glaube, ich bin bi und vielleicht habe ich bald einen Freund.‹« Davids Mutter reagierte nicht nur gelassen, sondern sehr pragmatisch. »Ihre Antwort lautete: ›Haben wir schon darüber gesprochen, wie man richtig verhütet?‹ Also das war wirklich unspektakulär bei meiner Mama.« Seine Mutter ist, was Sexualität angeht, ohnehin sehr offen und hatte nie ein Problem damit, dass David homosexuell ist – oder fürs Erste bisexuell war. »Ich hatte kürzlich eine Kooperation mit einem Sextoy-Hersteller und habe ihr einen Dildo mitgebracht. Ich meinte: ›Hier, hab Spaß!‹ Auf dem Level sind wir unterwegs.« David hat Sex immer als etwas Schönes und Positives wahrgenommen, verspürte bis zu seinem 17. Lebensjahr aber nie den Drang, sich großartig ausprobieren zu müssen.

Der Rest seiner sehr konservativen Familie lebt zum Großteil in Kroatien und weiß bis heute nicht, dass David schwul ist. Es besteht kein Kontakt. Nur zu einer Oma, die in Bonn lebt. »Zu ihr habe ich vor einiger Zeit auch den Kontakt eingestellt.« Der Grund: persönliche Differenzen.

Nach dem Gespräch mit seiner Mutter suchte David das Gespräch mit Freund*innen – und stieß auf Ablehnung. »Eine Freundin von mir musste tatsächlich erst einmal darüber nachdenken. Sie hatte das gar nicht erwartet. Ich dachte mir nur: Was hat das denn mit dir zu tun?« Die Freundin beruhigte sich, kam irgendwann mit der Thematik klar – bis vor einigen Jahren auf Davids Geburtstag. »Auf der Party hat sie mich das erste Mal geschminkt gesehen mit meinen ganzen Gay-Friends – ein paar Drags und andere geschminkte Typen. Da war es bei ihr vorbei. Sie war eine halbe Stunde da, hat in der Ecke gesessen, mit keinem geredet und dann meinte sie: ›Der Bruder von meinem Freund ist gerade am Kotzen, wir müssen dem jetzt helfen und nach Hause.‹«

> »AUCH DIE NEGATIVEN TEILE MUSS MAN AKZEPTIEREN, WENN MAN SICH SELBST LIEBEN MÖCHTE.«

David verabschiedete seine Freundin – sie ging aber nicht in Richtung Bahn, sondern in Richtung Innenstadt. »Sie ist woanders feiern gegangen. Damit hatten sich das Thema und die Freundschaft dann auch erledigt.« Er brach den Kontakt ab. Seitdem ist es ihm wichtig, nur noch ehrliche Menschen in seinem Leben zu haben, die zu ihm stehen.

Mit 18 hatte David seinen ersten Freund. »Das war keine gute Beziehung und ich will das eigentlich auch gar nicht dazu zählen. Aber zu dem Zeitpunkt war es eine Relationship und wir waren halt zusammen.« David und sein Freund hatten eine große Gemeinsamkeit: Sie waren mit sich selbst nicht ehrlich. »Er sagte immer, er sei bi. Genau wie ich. Und ich solle aufpassen, dass er sich nicht eine Frau kläre.« Heute akzeptiert David diese Beziehung, auch wenn sie nicht positiv verlaufen ist, als Teil seiner Geschichte. »Auch die negativen

Teile muss man akzeptieren, wenn man sich selbst lieben möchte.« In der Schule kam es zu dieser Zeit nie zu einem richtigen Coming-out: David ging offen damit um, dass er einen Freund hat. »Damit war das Thema erledigt. Punkt.«

Nachdem er die Schule beendet hatte, vertiefte er seine Leidenschaft fürs Schminken. Inspiriert wurde er von Drag Queens. »Ich hatte schon ein paar Drag Queens im Freundeskreis und fand das super interessant. Als kreativer Mensch, der auch malen und zeichnen kann, kann ich doch sicherlich auch Make-up, dachte ich mir.« Nebenbei verfolgte er Beauty-Blogger James Charles' Werdegang, ließ sich inspirieren und schaute sich Tricks ab. »Das sah am Anfang echt schlimm aus, aber die Leute haben gesagt, dass ich Talent habe.« Durch den guten Zuspruch bildete sich David weiter, erlangte neue Skills, experimentierte mit Farben und Texturen.

Aber auch in puncto Make-up bekam David von verschiedenen Seiten zu hören: »Das geht nicht, das kannst du nicht machen!« Ein Mann dürfe sich nicht schminken, hieß es. Probleme bekam er vor allem in seinem damaligen Beruf. Er arbeitete als Flugbegleiter für verschiedene große Airlines, zuletzt als Kabinenchef für eine private Fluglinie. »In der Uniformordnung wurde hinzugefügt, dass Männer sich nicht schminken dürfen. Männer dürfen keinen Gloss tragen, Männer dürfen keine Foundation tragen und so weiter.« Ob diese Verordnung wegen ihm eingeführt wurde, weiß David nicht. Er reichte seine Kündigung ein.

Mit Anfang 20 war David bereits auf Instagram und YouTube aktiv und arbeitete als Beauty-Influencer. »Ich konnte das nicht vertreten, mich nicht zu schminken. Make-up fühlt sich so richtig und gut für mich an, das wäre einem Verrat an mir selbst gleichgekommen.« Bis heute hat er seine Entscheidung nicht bereut – im Gegenteil. Schon bald kam das Angebot einer Kosmetikfirma: Er sollte YouTube-Videos für sie drehen. Tutorials, in denen er erklärt, wie ihre Produkte anzuwenden sind und welche Vorteile sie bieten. »Dadurch hatte ich ein stabiles Grundeinkommen. Den Rest habe ich durch Moderationen, Event-Auftritte, die Beautymesse und so weiter verdient.« Durch diese Jobs baute David sich eine Basis auf, um von seinen Träumen leben zu können. Er krempelte sein Leben komplett um: »Ich war an einem Punkt angekommen, an dem ich mir selbst sagte: Okay, that is me, I do my shit – und ihr könnt mich alle mal! Ich mache jetzt das, worauf ich Lust habe. Ich weiß, dass ich ein interessanter Mensch bin, und ich weiß, dass irgendeine Karriere daraus erblühen wird.«

. . . .
»GEGEN SOLCHE STEREOTYPE MÖCHTE ICH VORGEHEN. ICH BIN MASKULIN UND MACHE TROTZDEM MAKE-UP UND TRAGE FEMININE ACCESSOIRES.«
. . . .

Mit Anfang 20 gestand sich David ein, dass er schwul ist. Den Weg dahin beschreibt er als Prozess. Geholfen hat ihm, dass andere Menschen seine Sexualität als Selbstverständlichkeit hingenommen haben. »Meine Kolleg*innen haben das nie zum Thema gemacht, sondern einfach nur: ›Hey, du hast gerade einen Freund oder nicht?‹ Das war somit nichts Schlimmes mehr, sondern das war halt einfach so.« Die negativen Erfahrungen seiner Kindheit und Jugend konnten damit überschrieben werden: Er erlebte positive Reaktionen und konnte dadurch immer besser zu sich selbst stehen. »Dadurch habe ich das Bewusstsein entwickelt, dass es niemanden etwas angeht, wen ich date. Das ist mein Leben. Ich muss mich akzeptieren und zu mir stehen. That's it.« Die größte Stütze ist seine Mutter, die immer zu ihm hält. Sie liebt ihn, egal, ob er nun bi- oder homosexuell ist.

Doch so sehr sich David selbst akzeptiert und zu sich steht – als Mann, der sich schminkt, hat er es nicht leicht. Auch nicht in der schwulen Community und vor allem nicht beim Dating. »Es ist schwieriger, jemanden zu finden, weil man immer wieder mit Stereotypen konfrontiert wird. Ich werde schnell als James-Charles-Abklatsch abgestempelt.« Durch das Ausleben seiner femininen Seite sind viele schwule Männer abgeschreckt. David glaubt, dass die meisten einen Mann suchen, der eher hetero-maskulin geprägt ist. »Gegen solche Stereotype möchte ich vorgehen. Ich bin maskulin und mache trotzdem Make-up und trage feminine Accessoires.« David möchte sich frei entfalten können. Momentan ist die Konsequenz dessen allerdings, dass er Single ist.

In der Dating-Show hat es nicht geklappt, David ist in der fünften Folge ausgeschieden. Enttäuscht war er über seinen Rauswurf aber nicht, sondern sieht eher, was er durch das Format gewonnen hat. Die Show erlaubte es David, andere Menschen kennenzulernen und seinen Horizont zu erweitern. Er ist als Person gewachsen. »Es ist egal, was ein Mensch beruflich macht, wie er rumläuft, solange dieser jemand ein angenehmer und sympathischer Mensch ist, ist der Rest egal.«

»BE WHOEVER THE FUCK YOU WANT TO BE! WENN DU ETWAS AUSPROBIEREN WILLST, TU ES.«

Heute hat David seine Ruhe. Er wird nicht mehr beleidigt, die Probleme seiner Kindheit, mit ADHS und Übergewicht, hat er überwunden. In Zukunft möchte er präsenter im Fernsehen sein, sich noch viel mehr schminken, besser darin werden und für andere ein Vorbild sein. »Deswegen habe ich bei *Prince Charming* mitgemacht. Ich wollte zeigen, dass sich Männer schminken können und dass es okay ist.«

Coming-outs empfindet er als überflüssig. Lieber hätte er es so: einfach den Partner oder die Partnerin mit nach Hause bringen und dann ist es eben so. »Das wäre optimal, das wünsche ich mir.« Seine eigene Familie, mit der er wenig Kontakt hat, wird durch seine Präsenz in der Öffentlichkeit und seine Teilnahme an Fernsehsendungen wie *Prince*

Charming und *First Dates* früher oder später sehr wahrscheinlich mitbekommen, dass er Männer liebt. Und dann? »Ich kann mir jetzt schon denken, dass da einige Nachrichten auf meiner Mailbox hinterlassen werden, in die Richtung ›Du wirst enterbt‹, ›Du bist eine Schande‹, ›Wieso trägst du den Namen noch?‹, ›Warum machst du das?‹, ›Warum blamierst du uns so?‹ … Das wird mich aber wiederum bestärken, noch mehr in die Richtung zu gehen. Weil ich mir denke, genau wegen ihrer fehlenden Bildung mache ich das. Wir müssen schon für Akzeptanz kämpfen, aber nicht darum betteln.«

Diesem Grundsatz folgt er mittlerweile in all seinen Beziehungen. »Wenn mich jemand nicht akzeptieren kann, kann ich schon versuchen zu erklären, wer ich bin und dass das absolut normal ist – aber wenn das nicht fruchtet, dann müssen diese Menschen mein Leben eben verlassen.« David weiß, dass ihm alles andere nur schaden würde. Aus dieser Erkenntnis formt sich auch seine Message an andere: »Be whoever the fuck you want to be! Wenn du etwas ausprobieren willst, tu es.« Er glaubt an Selbstoptimierung. Er glaubt an Weiterentwicklung. Und er glaubt auch an Vergebung. »Ich versuche, Verständnis für homofeindliche Heteros aufzubringen, deren Erziehung und Hintergrund zu verstehen, wo der Hass herkommt. Das macht vieles einfacher.« Er ist immer offen dafür, sich mit anderen auszutauschen – auch wenn sie nicht seiner Meinung sind.

David beobachtet immer mehr junge Drag-Künstler*innen, die sich in aufwendigen Kostümen auf der Bühne austoben – junge Männer, die sich mit ihrer femininen Seite auseinandersetzen. »Ich weiß, dass es genug Gays gibt, die Make-up machen und in der Öffentlichkeit stehen. Es ist ein Riesenthema, weil wir unsere Kreativität damit ausdrücken.« Und obwohl es mittlerweile sehr viele Möglichkeiten für schwule Männer gibt, sich zu präsentieren, muss sich noch sehr viel tun, findet er – vor allem politisch. »Das Blutspendegesetz muss überarbeitet werden. Männer, die mit Männern schlafen, dürfen nur spenden, wenn sie zwölf Monate enthaltsam waren. Gesellschaftlich muss sehr viel für mehr Akzeptanz getan werden.«

David sieht noch einen langen Weg vor der Community, bis diese Akzeptanz erreicht wird. Das macht er an Dingen wie dem Coming-out fest. »Ich hoffe, dass ein Coming-out irgendwann einfach nicht mehr nötig sein wird, weil es keinen Menschen in deinem Umfeld in irgendeiner Weise beeinflusst. Was du im Bett machst – da sind die nicht dabei! Also kann es den anderen auch egal sein.« Deswegen findet David, dass man sich eigentlich gar nicht outen sollte – da wir aber in einer heterosexuellen Gesellschaft leben, wird es weiter ein Kampf bleiben und Coming-outs weiterhin auf der Tagesordnung stehen. »Ich möchte einfach händchenhaltend durch die Straßen gehen, ohne dass es jemanden stört oder ich das Gefühl habe, dass es nicht okay ist«, schließt David ab, zwinkert noch einmal in die Kamera und *sashay away*.

JAN ZIMMERMANN

»Ich muss sagen, es war mir unangenehm, anders zu sein. In der Phase, in der ich gemerkt habe, dass ich auf Männer stehe, wollte ich das nicht. Ich wollte nicht anders sein. Ich bin froh, dass ich diese Ansicht ändern konnte.«

»Kleine Fotze!«, eröffnet Jan Zimmermann das Interview. Gisela hat sich wieder bemerkbar gemacht. So nennt er seine Tourette-Erkrankung. Sie ist Fluch und Segen zugleich.

Zwar fällt Jan durch Gisela oft auf – auf der Straße zum Beispiel oder im Supermarkt –, allerdings hat er mit ihrer Hilfe auch eine Karriere aufbauen können: Gemeinsam mit seinem besten Freund Tim betreibt er seit 2019 den YouTube-Kanal Gewitter im Kopf. In den Videos thematisieren sie seine Krankheit, mal lustig, mal ernst.

Das Ziel: Tourette zu normalisieren und anderen die Angst vor dem Syndrom zu nehmen. Tourette ist eine Erkrankung, bei der vokale und motorische Tics auftreten. Jan zum Beispiel zuckt manchmal, macht Geräusche oder ruft lauthals »Fotze!«. Bewusst macht er das nicht, es passiert einfach. Wissenschaftler glauben, dass bei Tourette-Patienten aufgrund einer Gehirnreifungsstörung die Bewegungskontrolle gestört ist. Genau erforscht ist das aber noch nicht. Umso wichtiger, dass es Jan und Tim gibt: Die beiden erklären Tourette zwar nicht auf einer wissenschaftlichen Ebene, dafür aber auf einer sehr menschlichen. »Tourette im Museum«, »Tourette bei der Polizei« und »Pizza backen mit Gisela« lauten einige der Videotitel. In den Clips dürfen sich Jan und Gisela austoben, fluchen, Grimassen schneiden und, na ja, einfach mal sie selbst sein. Jan und Tim sind mittlerweile YouTube-Stars. Millionen Menschen haben ihren Kanal abonniert und folgen ihnen auf Instagram. Tendenz steigend. Von einem Jungen mit Tourette hätte so einen Erfolg wohl kaum jemand erwartet.

Jan war als Kind eher unscheinbar. Er ist in einem Vorort von Bonn aufgewachsen. Welcher genau es ist, möchte er aus privaten Gründen nicht sagen. »Die Ticks waren in der Kindheit noch eher unauffällig. Sie waren zwar durchaus vorhanden, allerdings nicht so stark wie jetzt«, erzählt er von den frühen Symptomen seiner Erkrankung.

Als er zwölf war, ließen sich seine Eltern scheiden. Sein Vater lebt seit der Trennung in Berlin, seine Mutter mit ihrem Lebensgefährten bei Bonn. Jan wohnte bis zum Schulabschluss bei seiner Mutter. Damals wurde ihm auch zum ersten Mal bewusst, dass er Männer liebt. Die anderen Jungs schwärmten für Mädchen, er hingegen nicht. »Ich habe gemerkt, dass ich mich damit absolut nicht identifizieren konnte, und habe festgestellt, dass ich mich von der Mehrheit der anderen Schüler*innen unterscheide.« Wenn er heute zurückblickt, sieht er, dass es noch andere Anhaltspunkte gab: »Im Kindergarten habe ich mich nicht so sehr für Autos, sondern eher für Puppen interessiert. Das ist relativ klassisch, dass Leute die sexuelle Orientierung an so einem stereotypischen Beispiel festmachen.« Seiner Familie hätte auffallen können, dass Jan nicht wie die anderen Jungs war, findet er. Ihnen war es jedoch im positiven Sinne egal – er durfte immer das tun, worauf er Lust hatte und wonach er sich fühlte.

Sein größtes Vorbild als Kind war sein Patenonkel. »Mein Patenonkel ist schwul und mit einem Mann verheiratet. Er begleitet mich schon mein ganzes Leben lang.« So lernte Jan sehr früh, dass Homosexuelle in seiner Familie akzeptiert werden: »Er war das perfekte Beispiel für mich. Dass er schwul ist, hat niemanden gestört.« Jans Eltern und Großeltern sahen Homosexualität immer als etwas Normales an – Homosexuelle gehörten nicht nur zur Familie, sondern auch zum Freundeskreis. Das half Jan, sich selbst anzunehmen.

Dennoch dauerte es noch vier Jahre bis zu seinem Coming-out. »Das waren maßgebende Jahre auf der weiterführenden Schule. In der Zeit habe ich für mich selbst akzeptiert, dass ich schwul bin.« In der Zwischenzeit dachte er, dass sich vielleicht noch etwas daran ändern könnte, dass es vielleicht nur eine Phase war, in der er seine Sexualität erkundete. »Aber bis heute bin ich schwul«, lacht er. »Es gab auch eine Zeit, in der ich selbst nicht anders sein wollte, also nicht auf Männer stehen wollte. Aber ich hatte nie die Absicht, Mädchen zu daten oder mich irgendwie anderweitig mit ihnen zu treffen als rein freundschaftlich. Und das ist immer noch so.«

Er wartete auf den richtigen Moment, um seinen Eltern und engen Freunden zu sagen, dass er schwul ist. »Heute finde ich, dass es den perfekten Moment überhaupt nicht gibt, um sich zu outen. Ich habe mein Coming-out sehr erfolgreich vor mir hergeschoben.« In ihm herrschte Unsicherheit: Bin ich wirklich schwul oder ist das nur eine Phase? Außerdem hatte Jan Angst, plötzlich anders behandelt zu werden, wenn er sich erst einmal geoutet hätte. Dass er Freunde verlieren würde. »Am Anfang fiel es mir deutlich schwerer, darüber zu sprechen. Ich muss sagen, es war mir unangenehm, anders zu sein. In der Phase, in der ich gemerkt habe, dass ich auf Männer stehe, wollte ich das nicht. Ich wollte nicht anders sein. Ich bin froh, dass ich diese Ansicht ändern konnte.«

Jan hatte zwar seinen Onkel als Vorbild – der war aber älter und hatte mit seiner Realität im Schulalltag, in dem »Schwuchtel« als Schimpfwort benutzt wurde, wenig zu tun. Um seine Unsicherheit zu überwinden, suchte er nach Inspiration auf YouTube. Er fand Coming-out-Videos von amerikanischen YouTuber*innen wie Davey Wavey und konnte sich mit deren Geschichten identifizieren. Diese Menschen machten ihm Hoffnung. Außerdem tauschte er sich in Facebook-Gruppen mit anderen queeren Teenagern aus. Dating-Plattformen nutzte er nicht. »Im Fernsehen habe ich öffentliche Coming-outs verfolgt, um zu schauen, ob ich mich wiederfinden kann. Das war meistens auch der Fall. Richtige Vorbilder hatte ich aber nicht, abgesehen von meinem Onkel.« Durch seinen heutigen Job verbringt er sehr viel Zeit mit queeren YouTuber*innen wie Jolina Mennen und Fabi Wndrlnd. »Mit ihnen bin ich freundschaftlich verbunden, wir sind sogar bei derselben Agentur

> »HEUTE FINDE ICH, DASS ES DEN PERFEKTEN MOMENT ÜBERHAUPT NICHT GIBT, UM SICH ZU OUTEN. ICH HABE MEIN COMING-OUT SEHR ERFOLGREICH VOR MIR HERGESCHOBEN.«

unter Vertrag.« Außerdem ist ihm das Coming-out von Melina Sophie auf YouTube im Gedächtnis geblieben.

Nachdem sich Jan vier Jahre Zeit gelassen hatte, um sich auf Selbsterforschung zu begeben, wurde das Coming-out mit 16 zur Spontanaktion. Er war auf Klassenfahrt in Berlin. Seine Freund*innen redeten über das Thema Ehe, wie sie sich ihre Partner*innen vorstellten. Als Jan an der Reihe war, sagte er: »Heiraten kann ich mir schon sehr gut vorstellen. Allerdings nicht mit einer Frau, sondern mit einem Mann.« Die anderen hielten Jans Aussage für einen Scherz und lachten. »Ich sagte: ›Nein, ich meine das ernst. Ich stehe wirklich auf Männer.‹« Damit war es raus: Jan ist schwul. »Es hat keinen gestört und von allen Freund*innen außerhalb der Schule bekam ich auch nur positives Feedback.«

Mobbing-Erfahrungen wegen seiner Homosexualität hat Jan also nie gemacht – seine Mitschüler*innen akzeptierten ihn so, wie er ist. Jan glaubt sogar, dass viele es bereits geahnt hatten. »Ich bin in einer Stadt mit 40.000 Einwohnern aufgewachsen. Das ist nicht allzu klein, man kennt sich aber untereinander in den Stadtteilen, die am Rhein liegen. Mein Coming-out hat sich sehr schnell verbreitet. Das fand ich aber nicht dramatisch. Auch Mitschüler*innen, vor denen ich mich nicht geoutet habe, haben das dann über Umwege erfahren. Es gab aber nie Probleme.«

Seinen Eltern erzählte Jan eher beiläufig von seiner Sexualität. »Das war während der Abschlussprüfungen. Zu der Zeit hatten wir eine trächtige Katze, daran kann ich das zeitlich festmachen. Ich ging zu meiner Mutter in die Küche und habe es ihr einfach erzählt. Ich dachte, wenn ich schon mal dabei bin, mich überall zu outen, kann ich das jetzt einfach machen.« Seine Mutter reagierte gelassen: »Ja, okay, und wo ist das Problem?«, fragte sie. »Meine Mutter hatte sich schon seit Jahren gedacht, dass ich schwul bin. Deswegen war sie auch gar nicht überrascht. Weiter thematisiert haben wir das Thema nicht. Sie hat mein

Coming-out als normal aufgefasst.« Sein Vater lebte zu diesem Zeitpunkt bereits in Berlin. Jan erzählte ihm am Wiener Flughafen von seinem Coming-out. Wieder fast beiläufig, als sie über das Thema Hochzeiten sprachen. »Ich bin mit meinem Vater damals nach Österreich geflogen. Ziemlich genau zwei Tage, nachdem ich mich bei meiner Mutter geoutet hatte. Seine Reaktion ist ebenfalls positiv und liebevoll ausgefallen.« Danach wurde das Thema mit einer beiläufigen Normalität behandelt: »Du hast einen Freund? Super! Bring ihn doch mal zum Essen mit.« Keine Verurteilungen, keine Vorwürfe, keine Abwertung.

Auch Tim gegenüber musste sich Jan nie outen. »Ich finde, er hat mich immer sehr gut unterstützt. Wie viele andere hat er von meinem Schwulsein über Umwege erfahren. Das hat ihn aber nie gestört. Da ich mit meinem Coming-out nie wirklich auf Ablehnung gestoßen bin, war es Gott sei Dank auch nie notwendig, dass mich jemand aufbaut oder an die Hand nimmt.« Homofeindlichkeit erlebt Jan höchstens online in den Kommentarspalten bei Gewitter im Kopf. »So direkt auf der Straße, dass mir das jemand ins Gesicht gesagt hat, das ist mir nur ein einziges Mal passiert. Ich glaube, die Leute trauen sich das im echten Leben eher weniger.« Unterstützung und gutes Zureden braucht Jan eher, wenn es um seine Erkrankung geht. Das Tourette-Syndrom steht in der öffentlichen Wahrnehmung meistens im Fokus, seine Sexualität hingegen wird eher beiläufig erwähnt.

Mit 20 war es Zeit für Jan, auf eigenen Beinen zu stehen. Er zog zu Hause aus und in seine erste eigene Wohnung, ebenfalls in Bonn. Zu dieser Zeit startete er mit YouTube durch. Das erste Video für Gewitter im Kopf trägt den Titel »Leben mit Tourette #1 FAQ mit Jan von Galileo«. Durch einen vorherigen Auftritt in der Wissenschaftssendung *Galileo* auf ProSieben hatte er erste Bekanntheit erlangt. In dem Beitrag hatte er über das Syndrom, seinen Alltag, sein Leben gesprochen. In seinem Video antwortet Jan auf Kommentare von Zuschauer*innen zu dem *Galileo*-Beitrag. Sein YouTube-Kollege Tim liest die Kommentare vor:

Eine Zuschauerin behauptet, dass Jan von »unreinen, bösen Geistern« besessen sei und diese durch Jesus Christus ausgetrieben werden müssten. Gisela sieht das auch so: »Heil Hitler, ich bin besessen!«, ruft sie in den Raum. Jan hingegen klärt auf: »Ich glaube, die Frau hat mir einen Exorzisten vorgeschlagen. Ich weiß nicht, ob das noch so ganz zeitgemäß ist für das Jahr 2019. Auch wenn es manchmal vielleicht so aussieht, von Dämonen bin ich nicht besessen.« In dem Video sitzt Jan gelassen in einem grauen Sessel. Gisela hingegen ist oft laut und aufgebracht, macht Grimassen. Jan redet sehr ruhig, fast schon monoton. Jede Antwort wirkt gut überlegt und reflektiert.

· ·
»MEIN COMING-OUT HAT SICH SEHR SCHNELL VERBREITET. DAS FAND ICH ABER NICHT DRAMATISCH. AUCH MITSCHÜLER*INNEN, VOR DENEN ICH MICH NICHT GEOUTET HABE, HABEN DAS DANN ÜBER UMWEGE ERFAHREN. ES GAB ABER NIE PROBLEME.«
· ·

Jan musste früh lernen, sich mit sich selbst auseinanderzusetzen, zu akzeptieren und gelassen zu sein. Er hat keine Macht über Gisela oder seine Sexualität. Diese Einstellung hat ihm geholfen, öffentlich über die Krankheit zu sprechen und für andere Menschen mit Tourette eine Stütze zu sein. Die Idee für den YouTube-Kanal kam aber von Tim. Jan und er sind seit der fünften Klasse Freunde. »Nachdem wir die Schule abgeschlossen hatten, haben wir angefangen, regelmäßiger was miteinander zu machen und dann kam irgendwann die Idee mit dem YouTube-Kanal auf.« Jan war sich erst nicht sicher, ob er sich so öffentlich mit Gisela präsentieren wollte, willigte aber ein. Von da an ging es rasant bergauf. Die Klicks stiegen, das Interesse an Jan und Tim ebenfalls. Sie wurden zum Internetphänomen, zum meme-würdigen Account mit Message.

Es gibt eine Situation, in der Gisela sehr zuverlässig schlummert: Wenn Jan mit einem anderen Mann intim ist. Dann hat er wesentlich weniger Ticks. Jan versucht zu erklären: »Ich weiß auch nicht genau, warum das so ist, dass ich währenddessen keine starken Zuckungen oder Beleidigungen äußere oder mit Geräuschen um mich werfe. Das lässt beim Sex einfach nach. Vielleicht, weil es so eine entspannende Situation ist.« Von Patient*in zu Patient*in sei das allerdings unterschiedlich, ergänzt Jan. Er kenne auch Patient*innen, bei denen es genau andersherum sei: Sie haben verstärkt verbale Ticks und Zuckungen, während sie Sex haben. Gisela kann hingegen bei Dates manchmal von Vorteil sein. Immerhin bietet sie direkt ein Gesprächsthema und fungiert somit als Eisbrecher. »Das kann natürlich auch schon mal nervig werden, wenn es dann immer wieder die gleichen Fragen sind, die über Tourette gestellt werden. Man merkt aber relativ schnell, ob das Gegenüber damit umgehen kann oder nicht. Wenn derjenige nicht mit den Ticks umgehen kann oder das zu anstrengend findet, ist das aber auch okay.« Der Regelfall für Jan ist jedoch, dass er angenommen wird. Außerdem findet er persönlich, dass er durch Gisela schneller Leute kennenlernt.

· ·

»MEINE MUTTER HATTE SICH SCHON SEIT JAHREN GEDACHT, DASS ICH SCHWUL BIN. DESWEGEN WAR SIE AUCH GAR NICHT ÜBERRASCHT. WEITER THEMATISIERT HABEN WIR DAS THEMA NICHT. SIE HAT MEIN COMING-OUT ALS NORMAL AUFGEFASST.«

· ·

Um dem Trubel und der Aufmerksamkeit nach seinem YouTube-Durchbruch zu entkommen, zog Jan mit 21 nach Rheinland-Pfalz. In ein kleines Dorf, aus dem seine Familie kommt. Er wünschte sich Ruhe und Privatsphäre – bekam jedoch das Gegenteil. »Ich hatte massive

Probleme mit Stalking.« Er wurde von ganzen Familien vom Supermarkt bis nach Hause verfolgt. Nicht nur Kinder klingelten bei ihm an der Tür, sondern auch Erwachsene. »Die standen alleine, manchmal mit ihrem Nachwuchs vor meiner Tür. Einige haben sogar damit geprahlt, drei Stunden angefahren zu sein.« Dann ging auch noch ein Fenster im Schlafzimmer kaputt, er wohnte im Erdgeschoss. Seine Wohnung stand damit quasi für jeden offen. Für Jan war das zu viel. Er sah keine andere Möglichkeit, als nach nur vier Monaten seine Sachen zu packen und zu gehen. Er musste zwei weitere Monate Miete zahlen, aber das war ihm egal.

Jan zog nach Köln, wo er seitdem lebt. Für ihn durchaus ein großer Schritt, denn vor Rheinland-Pfalz war er lediglich innerhalb von Bonn umgezogen. Jetzt wartete die Großstadt auf ihn. »Nach Köln bin ich vor allem gekommen, weil es hier deutlich anonymer ist mit über einer Million Einwohnern. Das hat zu meiner persönlichen Entwicklung beigesteuert und hilft mir sehr, entspannter zu leben«, erklärt er seine Entscheidung. Jan wohnt allein. »Was ich hier in Köln angenehm finde, ist, dass nicht jeder jeden kennt. Obwohl das gefühlt doch wieder ein großes Dorf ist.«

Außerdem bot Köln noch ganz andere Möglichkeiten für ihn, wenn es zum Beispiel um das Thema Dating ging. »Rumhuren!«, ruft Gisela dazwischen. »Das Dating hat nachgelassen, muss ich sagen. Bei Tim auch. Ich vermisse es nicht. Zur Not kann ich es jederzeit wieder aufnehmen«, stellt Jan klar. Durch seine Bekanntheit und die Stalking-Erfahrungen ist er mittlerweile zurückhaltender geworden, wenn es um das Zulassen von Nähe geht. »Ich würde jetzt noch viel weniger als vorher meinen genauen Wohnort oder meine Wohnung zeigen.«

Das Leben in einer heteronormativ geprägten Gesellschaft, in der einfach davon ausgegangen wird, dass man heterosexuell ist, findet Jan nach wie vor problematisch. »Das macht es vor allem jungen Leuten schwer, sich selbst zu finden. Ich finde, es müssten mehr queere Menschen in den Medien gezeigt werden. Dadurch kann man es schaffen, dass schwul, lesbisch, bisexuell, trans- oder intergeschlechtlich zu sein, als normal angesehen wird.« Damit könnte man auch eine Veränderung auf den Schulhöfen bewirken, glaubt er. »Zudem kommt es ja auch immer wieder vor, dass Ausdrücke wie ›Schwuchtel‹ oder ähnliche Beleidigungen als sehr abwertend verwendet werden, was natürlich nicht gerade dazu beiträgt, dass jemand sich besonders früh outet, wenn er in so einer Umgebung aufwächst.«

· ·

»ES MÜSSTEN MEHR QUEERE MENSCHEN IN DEN MEDIEN GEZEIGT WERDEN. DADURCH KANN MAN ES SCHAFFEN, DASS SCHWUL, LESBISCH, BISEXUELL, TRANS- ODER INTERGESCHLECHTLICH ZU SEIN, ALS NORMAL ANGESEHEN WIRD.«

· ·

Bei Gewitter im Kopf gibt es aber kein Video, in dem Jan explizit sein Coming-out oder seine Sexualität thematisiert. »Ich hatte noch nicht die Absicht, sowas aufzunehmen. Ich spreche in vielen einzelnen Videos darüber und wenn auf Plattformen wie Instagram die Frage gestellt wird. Alle YouTuber*innen, die wir kennen, wissen, dass ich schwul bin. Unsere Community auch.« Trotzdem muss er sich so häufig outen, wie es geht. In alltäglichen Situationen, wenn er zum Beispiel gefragt wird, ob er eine Freundin habe. Mit jedem Coming-out wird es jedoch einfacher. »Es ist natürlich ein Unterschied, ob man 22 oder 12 ist. Wenn ich heute von jemandem anders behandelt werde, weil ich schwul bin, nehme ich das nicht mehr persönlich. Das passiert durch mein Tourette-Syndrom wesentlich häufiger als durch meine sexuelle Orientierung. Die Leute wissen manchmal absolut nicht, wie sie mit mir umgehen sollen.« Seine Befürchtung als Teenager, anders behandelt und verstoßen zu werden, stellte sich als Scheinriese heraus. »Die Angst war groß, dass die Leute mich nicht mehr als die Person sehen, die ich vor dem Coming-out war, obwohl ich ja immer noch derselbe Mensch bin. All diese Szenarien, die ich im Kopf hatte, sind nicht eingetreten.« Dadurch konnte Jan seine Angst letzten Endes überwinden.

Mit seiner Geschichte hofft er nun für andere ein Vorbild zu sein. Seine Sexualität ist ein Teil seiner Person, aber nicht das Hauptmerkmal. Das ist ihm wichtig. Er versteckt seine Sexualität nicht und hat es geschafft, cool mit sich selbst zu sein. »Mittlerweile weiß jeder, dass ich schwul bin. Ich sehe keinen Grund dafür, das zu verstecken.« Jan ist, wie er ist. Ein ganz normaler Mann, der Männer liebt. Und der eine Begleiterin namens Gisela hat.

BENJAMIN PATCH

»Es gab sehr dunkle Momente, in denen ich sehr viel geweint habe. Aber ich bin eine starke Person.«

Benjamin Patch sitzt in einer Töpferwerkstatt in Berlin-Tiergarten. Hinter ihm stapeln sich ungebrannte Vasen, Schalen und Tassen aus Lehm. Geboren wurde er in Utah, der Amerikaner ist erst vor zwei Jahren nach Deutschland gekommen, um hier Volleyball zu spielen. Bei den Berlin Recycling Volleys ist er ein Star – und in der queeren Szene mittlerweile auch. In einem Artikel im *Tagesspiegel* outete er sich 2020 ganz nebenbei als queer.

»Queer zu sein fühlt sich immer noch wie ein Tabu an, damit wollte ich brechen«, erklärt er und genießt dabei sein Mittagessen. Avocado, Reis, Wakame. Er kommt gerade vom Volleyballtraining. Eine kurze Pause, dann geht es zurück in die Halle am Olympiastadion. »Vor Jahren hieß queer zu sein im Mainstream noch, dass man gay ist. Heute hat das Wort eine ganz andere Bedeutung.« Für Benjamin bedeutet queer zu sein »alles zu sein, was nicht der sozialen und systemischen Norm entspricht.« Und so identifiziert er sich auch. Auf seinem Instagram-Account zeigt er sich in vermeintlich femininer Kleidung, mit Nagellack und Ohrringen, in verletzlichen Posen. »Queer sollte die neue Norm sein. Es geht um die Fähigkeit, sich mit jeder Person zu jeder Zeit verbinden und identifizieren zu können.«

Diese Fähigkeit ist für Benjamin selbst noch ziemlich neu – als Kind und Jugendlicher waren Offenheit und Herumexperimentieren verboten. Aufgewachsen ist er in Layton im US-Bundesstaat Utah. Seine Eltern sind Mormonen. Als sie Benjamin im Kleinkindalter adoptierten, trat er direkt ihrer Kirche bei. Mormonen glauben, dass Gott erst in menschlicher Gestalt erscheint und durch gerechtes und rechtschaffenes Handeln zu einer göttlichen Form aufsteigt. Unter einem rechtschaffenen Leben verstehen Mormonen unter anderem Enthaltsamkeit, einmal im Leben als Missionar zu dienen und gesund zu leben. Kaffee, Zigaretten, Alkohol und andere Drogen sind daher tabu. Homosexualität erst recht.

Heute geht Benjamin ins Berghain – einen Berliner Technoclub mit Darkroom – und hält sich sexuell für jedes Geschlecht offen. »Es gab

Momente als Kind, da dachte ich: Ich bin hetero. Und dann gab es wieder Momente, in denen ich klar merkte, dass ich auch Männer mag.« Sowohl emotional als auch sexuell fühlte er sich zu beiden Geschlechtern hingezogen und das, wie er sagt, bereits im Alter von drei Jahren. »Ich glaube, dass es normal ist, so früh Erfahrungen zu sammeln. Auch für heterosexuelle Männer. Als Kind und als Jugendlicher spielten wir Doktorspielchen – also ich und meine Kumpel.« Als Teenager hatte er immer eine Freundin. »Ich dachte, ich wäre bisexuell. Aber es gab aber auch Menschen, die ich anziehend fand, mit denen ich aber nicht schlafen wollte. Das war damals eine Zeit lang verwirrend, zumal ich keine Orientierung oder Vorbilder hatte.« Für Benjamin entstand dadurch ein Konflikt: Wo passt er rein? Wer ist er? Wen liebt er?

Erst mit 26 fing er an, sich rückblickend mit seiner Schulzeit auseinanderzusetzen. »Sie sagten, ich sei schwul – stellt sich heraus: Sie hatten irgendwie Recht.« Was Benjamin mit Humor zu überdecken versucht, waren drei schwere Jahre. Fast täglich wurde er emotional oder körperlich angegangen. Er hatte Angst zur Schule zu gehen. Aufgrund des Mobbings wollte er nicht queer sein. Heute hat er seine eigene Definition und möchte sich von niemandem mehr bevormunden lassen. Deswegen versucht er offen zu sein, für das, was kommt. »Ich weiß nicht, wie meine Zukunft aussieht. Ich könnte mit zwei Frauen zusammen sein. Oder mit zwei Männern und einer Frau. Oder zwei Frauen und zwei Männern. Wer weiß?« Es geht ihm vor allem darum, erlernte und internalisierte Glaubenssätze loszulassen und sich seiner Neugierde zu öffnen.

Das Loslassen aller angelernten Definitionen ist für ihn so wichtig, weil seine Kindheit ganz anders aussah als sein heutiges Leben in Berlin: »Als Teenager habe ich alles getan, was mir von den Mormonen in der Kirche vorgeschrieben wurde. Das beinhaltete auch, heterosexuell zu sein. Mit 16 stand ich aber auf einmal auf meine Kumpels und hatte sexuelle Erfahrungen mit ihnen. Ich versuchte, es zu ver-

drängen, musste den Mormonen aber davon beichten.« Sie gaben ihm
zu verstehen, dass homosexuelle Handlungen gegen Gott seien und
damit eine Sünde. Er würde in der Hölle enden, würde er noch mal Sex
mit Männern haben. »Diesen Teil, der sich so sehr nach mir selbst an-
fühlte, musste ich unterdrücken. Das war natürlich sehr schwer, weil
dieses Verlangen eben da war.« Vier Jahre lang erlaubte sich Benjamin
nicht, sich frei auszuleben, und hörte auf das, was ihm gesagt wurde.
Scham und Schuldgefühle beherrschten sein Leben.

Mit 20 begab er sich für ein Jahr auf Mormonen-Mission nach Columbus, Ohio. Missionen sind fester Teil des Mormonen-Glaubens. Für
gewöhnlich begeben sich Männer für zwei Jahre ins Ausland, um dort
andere Menschen von ihrem Glauben zu überzeugen. Benjamin hingegen leistete weniger Zeit ab und durfte in Amerika
bleiben. Sein Job: an Türen klop-fen und Menschen von seinem
Glauben überzeugen. »Columbus ist eine sehr liberale Stadt. Dort
leben sehr viele homosexuelle Menschen. Mit denen bin ich natürlich in Kontakt gekommen.« Bisher
kannte Benjamin weder queere Personen noch konnte er sich vor-
stellen, dass es okay ist, mit einem gleichgeschlechtlichen Partner zu-
sammenzuleben. »Ich habe dort an Türen geklopft und gleichgeschlechtliche Paare mit Kindern haben mir die Tür geöffnet. Damit
bin ich erst gar nicht klargekommen.« Auf der anderen Seite spürte er,
dass von diesen Menschen eine sehr starke Anziehungskraft ausging.

»Ich musste ihnen meinen Glauben verkaufen und sie von den Mormonen überzeugen. Gleichzeitig sollte ich ihnen sagen, dass das, was
sie da tun und wie sie leben, eine Sünde ist und dass sie in die Hölle
kommen werden.« Benjamin bekam Gewissensbisse. Es fühlte sich

»ALS TEENAGER HABE ICH ALLES GETAN, WAS MIR VON DEN MORMONEN IN DER KIRCHE VORGESCHRIEBEN WURDE. DAS BEINHALTETE AUCH, HETEROSEXUELL ZU SEIN.«

nicht richtig an, anderen vorzuschreiben, wie sie zu leben haben: »Ich habe mich gefragt: Wie kann ich das zu diesen Menschen sagen, die absolut glücklich mit ihrem Leben sind und eine wunderschöne Familie und Kinder haben? Das war der Punkt, an dem sich mein Konzept von Homosexualität von einer Sünde zu etwas Schönem verwandelte.« Er lernte, dass Liebe viele Facetten hat und in jede davon existieren darf und soll.

Mit 21 kam er zurück nach Utah und fasste einen Entschluss: Er wollte seine Religion hinter sich lassen. Das Jahr in Columbus und der Kontakt mit queeren Menschen hatten ihn so stark geprägt, dass er die mormonischen Glaubensgrundsätze nicht mehr mit sich vereinbaren konnte. Er wollte ein neues Leben leben, ohne Vorschriften, die ihn unglücklich machten. »Als ich zurück nach Utah kam, war mir klar, dass ich auf Männer stehe. Ab da ging alles sehr schnell. Ich schnippte mit dem Finger und hatte auf einmal einen Boyfriend.« Von da an schwor er sich, nur noch so zu leben, wie er es wollte und für richtig befand.

Rückblickend weiß er, dass die Zeit bei den Mormonen einen tiefgehenden Einfluss auf seine Emotionen und seine Psyche hatte. »Ich habe jeden Tag in dieser Community gelebt, die mir sagte, ich müsse mit 21 heiraten und mit 22 ein Kind haben.« Das erzeugte sehr viel Druck in ihm. »Jedes Mal, wenn ich eine Frau kennenlernte, fragte ich mich: Werde ich sie heiraten und Kinder mit ihr bekommen? Ich wusste gar nicht, wie ich einfach entspannt sein konnte. Es hat lange gedauert, bis ich den Glauben durchbrechen konnte, mit dem ich aufgewachsen bin.« Mittlerweile hat er eine Balance gefunden, versucht, gesunde Beziehungen zu führen, sich bei Dates auf einen Kaffee zu treffen und zu schauen, wohin die Reise führt – ohne zu weit in die Zukunft zu denken oder in alte Muster zu verfallen.

Als Benjamin seinen ersten Freund hatte, hätte er vielleicht so etwas wie ein Coming-out haben können – hatte er aber nicht. Dafür ereignete sich eine andere Situation, die seinen Eltern zeigte, welche Werte er vertritt und wer er ist. »Meine Eltern sind im konservativen Mormonentum sehr aktiv, als Menschen sind sie aber sehr tolerant. Sie sind cool. Und ich glaube, dass sie mir als ihrem adoptierten Kind nie sagen wollten, dass ich etwas nicht schaffen könnte oder irgendetwas nicht sein dürfte. Ich glaube, sie waren offener als andere Eltern.« Als er 21 war, wurde bei den Mormonen eine neue Regelung eingeführt: Die Kinder von homosexuellen Paaren durften nicht getauft werden, berichtet Benjamin. »Ich habe geweint, als ich davon erfahren habe, und meine Eltern gefragt: ›Wie kann eure Religion, ihr als Großeltern meiner Kinder, ihnen verbieten, Teil dieser Religion zu werden? Weil jemand homosexuell ist?‹ Ich fand die Vorstellung so schrecklich!«

Ab diesem Punkt waren endgültig alle Verbindungen zum Mormonentum für ihn gekappt und er machte kein Geheimnis daraus, dass er auch Männer liebt. »Ich hatte nie ein Coming-out, aber ab diesem Zeitpunkt war es offensichtlich. Danach habe ich meine Boyfriends und Girlfriends einfach nach Hause mitgebracht und es als Normalität angesehen.« Seine Eltern nahmen die Situation und ihren Sohn so an, wie sie waren: queer. Jede Freundin, jeder Freund wurde akzeptiert.

Als Benjamin die Mormonen verließ, wollte er frei sein und sich nicht mehr erklären oder rechtfertigen müssen: »Ich bin, wie ich bin. Ich sehe keinen Grund, wieso ich ein Coming-out haben sollte. Wenn ich einen Freund habe, bringe ich ihn mit. Wenn es eine Frau ist, bringe ich sie mit – was soll's? Das sollte normal sein.« Außerdem veränderte er sich äußerlich. Er färbte sich die Haare, ließ sich piercen und tätowieren – was ebenfalls gegen die strengen Regeln der Mormonen geht. »Ich war für die Mormonen quasi der leibgewordene Teufel, wenn ich in meinen Looks über den Uni-Campus lief.« Es gab auf der einen Seite Freund*innen, die ihn unterstützten. Andere wollten ihn von der Universität, die ebenfalls dem Mormonentum zugehörig war, gekickt sehen und meldeten ihn – wegen seines Aussehens, vielleicht auch wegen seiner Sexualität. »Es war aber gar nicht so einfach, mich loszuwerden. Ich war das Gesicht des Volleyball-Programms an meiner Universität. Ich hatte also eine gewisse Stellung.« Das machte es ihm aber nicht leichter, sich akzeptiert zu fühlen. Die breite Masse war gegen ihn.

In seiner Freizeit flüchtete er deshalb nach Salt Lake City, baute sich dort eine Community abseits der Mormonen auf. Dort fand er Leute, die zuvor ebenfalls der Religion zugehörig gewesen und ausgetreten waren. »Das waren sehr gebildete Menschen, offen und politisch engagiert. Ich fühlte mich endlich verstanden und konnte auf einmal über die Themen diskutieren, die mich wirklich bewegten. Ich fühlte mich, als wäre ich erwacht.«

»ICH HATTE NIE EIN COMING-OUT, ABER AB DIESEM ZEITPUNKT WAR ES OFFENSICHTLICH. DANACH HABE ICH MEINE BOYFRIENDS UND GIRLFRIENDS EINFACH NACH HAUSE MITGEBRACHT UND ES ALS NORMALITÄT ANGESEHEN.«

Benjamin beendete sein Studium, machte mit seinem Freund Schluss und ging nach Italien, um professionell Volleyball zu spielen. »Ich war in Süditalien. Dort ist es ähnlich wie in Utah. Die Kultur, die Religion und Menschen, die keinen besonders weiten Horizont haben. Ich fühlte mich auf einmal wieder wie mit 20.« Benjamin lebte in einer Umgebung, in der er nicht er selbst sein konnte. Er musste sich zurückhalten, um keine Probleme zu bekommen. »Ich war dort ein Jahr und nicht glücklich. Es war allerdings auch gefährlich, mich auszuleben. Ich hätte angegriffen werden können, also hielt ich mich lieber zurück.« Umso erleichterter war er, als er 2018 bei den Berlin Recycling Volleys unter Vertrag genommen wurde.

Berlin, die Stadt mit den Schwulenclubs, Drag-Bars und dem Berghain. »In Berlin fühlte ich auf einmal Unterstützung und Akzeptanz. Berlin hat diesen Vibe, der dir sagt, dass du einfach du selbst sein kannst, ohne irgendwas zu befürchten. Für jeden gibt es in dieser Stadt den richtigen Platz.« In seinem ersten Jahr in der Hauptstadt musste er sich jedoch erst einmal mit seiner Vergangenheit auseinandersetzen, bevor er seine Zukunft in Freiheit genießen konnte. »Ich musste den ganzen Ballast loswerden. In Utah war ich total angespannt. Dann konnte ich kurze Zeit ich selbst sein und musste mich in Italien wieder verstecken – das war sehr viel.« Mittlerweile muss er nicht jeden Tag mit sich kämpfen, sondern kann sein Leben genießen und authentisch sein.

Teil dessen ist auch, dass er der erste geoutete Profispieler im deutschen Volleyball ist. »Mein Coming-out, wenn man so will, war keine große Überraschung für die meisten Spieler. Ich meine, schau mich an.« Für die Öffentlichkeit war es sehr wohl eine Überraschung, denn Queerness ist im Sport immer noch ein Tabuthema. Spieler*innen trauen sich nicht, sich zu outen, aus Angst, ihre Karriere zu gefährden. Deshalb gibt es noch keinen geouteten aktiven Profifußballer in Deutschland. »Sich öffentlich zu outen, gibt aber anderen die Möglichkeit, sich zu äußern. Es gibt noch so viele Menschen, die sich nicht zeigen wollen. Ich hoffe, dass meine Offenheit dem einen oder der anderen geholfen hat.« Das Feedback sei überwältigend positiv gewesen, sagt Benjamin. Junge Menschen schrieben ihm, erzählten, was sie durchmachten. »Es gibt immer noch Teenager, die Angst haben, offen und frei zu leben. Das ist total traurig. Ich dachte, das hätte sich für jüngere Generationen als meine geändert – vor allem durch soziale Netzwerke.« Vor allem über diese können sich queere Menschen heute einfacher vernetzen und somit Freunde und Bezugspersonen finden. Benjamin dachte, dass es dadurch leichter geworden wäre, sich zu outen. Als er ein Kind war, in den Neunzigern, und auch als Jugendlicher in den Zweitausenderjahren, war das Angebot für queere Menschen, das es heute online gibt, einfach noch nicht vorhanden.

Im Sport sieht er den Grund für Homophobie vor allem in einem verzerrten Bild von Maskulinität. »Es geht um die Kultur und Dynamik von Männern. Sie idealisieren Frauen, auch lesbische Frauen. Schwule Männer hingegen sind eklig. Sie werden stigmatisiert und in Schubladen gesteckt. Männer dürfen nicht fühlen, nicht emotional sein. Es gibt wahrscheinlich sehr viele Männer, die hetero sind, aber auch Verbindungen zu schwulen Männern empfinden.« Benjamin selbst hat heterosexuelle Mannschaftskameraden, mit denen er sich verbunden fühlt. »Ich schaue sie an und weiß: Da ist was!« Durch Maskulinität wird das jedoch kaputt gemacht. »Man merkt, dass meine Mannschaftskameraden manchmal interagieren – und vielleicht sogar küssen – möchten, aber sie können es nicht, weil sie Angst haben, dann kein

> »IN BERLIN FÜHLTE ICH AUF EINMAL UNTERSTÜTZUNG UND AKZEPTANZ. BERLIN HAT DIESEN VIBE, DER DIR SAGT, DASS DU EINFACH DU SELBST SEIN KANNST, OHNE IRGENDWAS ZU BEFÜRCHTEN.«

richtiger Mann zu sein oder als schwul zu gelten.« Benjamin findet das nicht fair: Heterosexuelle Männer sollten die Möglichkeit haben, Männer zu küssen – ohne auf irgendeine Weise gelabelt zu werden oder ihre Sexualität abgesprochen zu bekommen.

Für sich selbst musste Benjamin Maskulinität definieren, abseits aller gesellschaftlichen Erwartungen an Männer: »Ich denke, dass meine Maskulinität aus der Akzeptanz meiner Femininität entsteht. Ich kann sehr feminin sein, was ich liebe. Ich bin sehr empathisch. Ich kümmere mich gerne um andere, fast schon mütterlich. Ich bin auch kein Macho, das wäre fake. Aber ich bin sportlich, habe Muskeln und genieße es, ein Mann zu sein.« All diese Eigenschaften verschmelzen in seinem Aussehen: Er trägt Nagellack, Schmuck und dazu Skater-

Klamotten. Andere Menschen reagieren in der Regel positiv, wenn sie ihn sehen. Sie freuen sich über seine optische Ambivalenz. »Ich werde sehr oft angelächelt, das macht mich glücklich. Dadurch habe ich das Gefühl, akzeptiert zu werden und etwas Positives in die Welt auszustrahlen.« Akzeptanz ist der Schlüssel zum Glück.

In den letzten Jahren hat er seine Vergangenheit reflektiert, um sich selbst besser zu verstehen. Dabei kam er auf einmal mit einem ganz anderen Problem in Kontakt: seiner Identität als schwarzer Mann. »Ich bin schwarz, meine Eltern sind weiß. Was Adoptiveltern wissen müssen, ist, dass schwarze Kinder einen Bezug zu der Community brauchen, aus der sie stammen. Das hatte ich nicht.« Er wuchs in einer sehr weißen Gegend auf und besuchte eine Kirche, in der ebenfalls alle weiß waren. »Ich wurde so erzogen, weiß zu sein. Ich hatte keinen Zugang zu meinen schwarzen Wurzeln.« Erst als Erwachsener, als er sich mit seiner mentalen Gesundheit beschäftigte, wurde ihm diese große Lücke in seinem Lebenslauf bewusst.

> »ICH BIN SCHWARZ, MEINE ELTERN SIND WEISS. WAS ADOPTIVELTERN WISSEN MÜSSEN, IST, DASS SCHWARZE KINDER EINEN BEZUG ZU DER COMMUNITY BRAUCHEN, AUS DER SIE STAMMEN.«

»Es war sehr emotional zu realisieren, dass es einen großen Teil von mir gibt, den ich nicht kenne. Eine Leere, die ich nicht füllen konnte.« Vor allem als kleines Kind hatte er diese Gefühle der Isolation. Er glaubt, dass er leichter zu sich gefunden hätte, wenn er Kontakt zu Schwarzen gehabt hätte. »Ich habe mittlerweile auch Kontakt zu meinen biologischen Eltern. Das hat mir sehr geholfen, gelassener zu sein und Frieden zu finden.«

Nicht queer sein zu dürfen, adoptiert zu sein und keine Zugehörigkeit als schwarze Person in seiner Community zu spüren, all das machte Benjamin sehr oft sehr traurig. »Es gab sehr dunkle Momente, in denen ich sehr viel geweint habe. Aber ich bin eine starke Person.« Der

Sport half ihm, nicht unterzugehen. »Ich stieg in den Mannschaften sehr schnell auf und fand mich ganz oben wieder. Die, die mich gemobbt hatten, gaben auf einmal damit an, mich zu kennen. Die klassische Geschichte.« Aus diesen Erfahrungen lernte Benjamin etwas sehr Positives für sein Leben: zu jedem Menschen nett und freundlich zu sein – egal, wie man selbst behandelt wurde. »Ich weiß, wie es sich anfühlt, nicht gesehen zu werden. Dieses Gefühl möchte ich niemandem geben.«

Um gelassen und ganz nah bei sich zu sein, braucht er nicht nur den Sport, sondern auch das Töpfern. Stolz zeigt er seine Keramikwerke in einem Studio in Berlin-Tiergarten. »Keramik war meine erste große Liebe«, sagt er. Die Arbeit mit seinen Händen ist bis heute eine Möglichkeit für ihn, sich kreativ auszuleben. »Ich habe mich nach der Schule mit Kunst abgelenkt. Das hat mir geholfen, die ganzen Probleme für eine kurze Zeit zu vergessen.« Außerdem fand er darin einen Safe Space. An der Töpferscheibe geht es nur darum, was er möchte – nicht darum, was andere von ihm erwarten.

JOLINA MENNEN

»Hätte ich damals, als ich fünf oder sechs war, ein Positivbeispiel für eine trans Person gehabt, wäre ich vielleicht zu meiner Mutter gegangen und hätte gesagt: ›Mama, so will ich auch sein.‹«

Jolina Mennen ist stark tätowiert. An ihrer linken Hand, mit der sie beiläufig in der Kaffeetasse rührt, steht das Wort »Inspire«. Sie befindet sich in ihrem Haus in Bremen. Dort, irgendwo in einer Einfamilienhausgegend, lebt sie mit ihrem Ehemann Florian. Er räumt im Hintergrund den Geschirrspüler aus. Jolina fährt sich, während sie ihre Geschichte erzählt, immer wieder mit den Fingern durch die langen dunklen Haare. Sie ist ungeschminkt. »Manchmal kann ich gar nicht glauben, dass das alles wirklich passiert ist und ich heute hier sitze«, sagt sie. Wenn sie in einen Spiegel blickt, braucht sie manchmal noch einen Augenblick, bis sie versteht: »Das bin ich.«

Jolina ist Deutschlands erfolgreichste trans YouTuberin. In ihren Videos gibt sie Schminktipps, nimmt Fans mit auf Reisen, lässt die Zuschauer*innen an ihrem Leben teilhaben. Beliebt sind vor allem ihre Storytime-Videos, in denen sie ungeschönt von ihren Gedanken und Gefühlen erzählt – und von ihrer Identität als trans Frau.

Jolina kam 1992 als biologischer Junge zur Welt. Unterbewusst war ihr schon immer klar, dass sie ein Mädchen ist, ihr fehlten nur die Worte und die Rollenvorbilder, um diese innere Wahrheit auszusprechen. Als Kind war sie laut und bunt und tat immer das, worauf sie Lust hatte. »Im Schwimmbad war ich eine Meerjungfrau, habe mir einen Turban auf dem Kopf gebaut und sonst mit Puppen gespielt. Geschlechterrollen waren mir egal. Ich wurde von meiner Familie immer angenommen und akzeptiert. Ich durfte tragen, was ich wollte.«

Als ihr Vater bei einem Autounfall starb, war Jolina gerade mal zwei Jahre alt. Ihrer Mutter war es nicht möglich, sich als alleinerziehende Krankenschwester ausreichend um ihr Kind zu kümmern. Deswegen übernahmen das ihre Großeltern. »Mir hat es aber nie an etwas gefehlt. Bei meinen Großeltern hatte ich alles und meine Mutter lebte nur zwei Straßen weiter.«

Erst später, in der Grundschule, fehlte ihr etwas: Sie hatte zwar einen großen Freundeskreis, konnte sich mit den anderen Kindern aber nur

schlecht identifizieren. Auf einmal waren sie da, die Geschlechterrollen, deren Grenzen es einzuhalten galt. »Es hieß immer wieder die
Jungs gegen die Mädchen, ich wollte aber viel lieber mit den Mädchen
spielen. Das fanden die anderen total komisch … Ich hingegen war verwirrt: Wenn wir Basketball gespielt haben, hat mir das Spielen an sich
Spaß gemacht. Durch die Aufteilung in Geschlechter fühlte ich mich
aber in meiner Freiheit eingeschränkt. Da war mir noch gar nicht klar,
dass ich trans bin.« Kein anderes Kind, keine Lehrkraft, kein Elternteil
störte sich an der Aufteilung nach Geschlechtern – Jolina hingegen
fühlte sich allein und unverstanden. »Vor allem habe ich mich gefragt:
Wieso stört mich das so sehr?« Die Selbstverständlichkeit der anderen Kinder in ihren Körpern fehlte ihr. Ihr eigener Körper wurde zum
Fremdkörper.

· ·
>>ES HIESS IMMER WIEDER DIE JUNGS GEGEN DIE
MÄDCHEN, ICH WOLLTE ABER VIEL LIEBER MIT
DEN MÄDCHEN SPIELEN. DURCH DIE AUFTEILUNG
IN GESCHLECHTER FÜHLTE ICH MICH IN MEINER
FREIHEIT EINGESCHRÄNKT. DA WAR MIR NOCH
GAR NICHT KLAR, DASS ICH TRANS BIN.<<
· ·

Jolina fühlte sich nicht zugehörig und begann sich äußerlich abzugrenzen: Eine grüne Schlaghose aus Nicki-Stoff, ein kanariengelbes
T-Shirt, dazu Buffalo-Plateau-Schuhe – für Jolina ein ganz normales
Outfit für den Grundschulalltag. »Ich habe mich wie die stylischste
Person der Welt gefühlt. Allein die Schuhe waren der Shit. Die anderen Kinder fanden das auch wieder total komisch, haben Witze über
mich gemacht. Ab der fünften Klasse ging es dann richtig los mit dem
Mobbing.« Der Grund dafür war ein Schulwechsel. Die Kinder an der
neuen Schule waren jemanden wie Jolina, die sehr bunt und laut war,

nicht gewöhnt. Das machte sie zur Zielscheibe. »Ich kam dort – ich hasse dieses Wort! – als Paradiesvogel an. Die älteren Schüler hatten sich ab dem ersten Tag auf mich eingeschossen.« Dass sie ein Sportgymnasium besuchte, machte es nicht besser. Jolina passte nicht zwischen die Handballer. »Ich glaube, viele Jungs haben sich durch meinen Kleidungsstil und meine Art in ihrer Maskulinität angegriffen gefühlt. Für die war es natürlich toll, ihre Stärke zu behaupten, indem sie sowohl verbal als auch körperlich auf das offensichtlichste Opfer draufhauten. Ich wurde mit Essen beschmissen, ich war die Schwuchtel, das Mädchen. Immer und überall.«

Das Mobbing wurde Teil ihres Alltags. »Das ging über vier oder fünf Jahre so. Irgendwann habe ich die Beleidigungen nicht mehr gehört und von den Eltern und Lehrern ist auch niemand eingeschritten.« Sie arrangierte sich mit dem Mobbing und lernte damit zu leben. »Ich habe mich nie dadurch einschränken lassen. Ich wollte mich nicht verstecken und hatte Gott sei Dank auch einen starken Freundeskreis.«

Währenddessen wurde sie sich ihrer Sexualität immer bewusster. Jolina fiel auf, dass sie sich für Jungs interessierte. Ihr erstes Coming-out hatte sie in der siebten Klasse. Sie besuchte eine Übernachtungsparty von Freunden. »Wir haben Lose gezogen. Wer das Los mit dem Kreuz zog, musste sein größtes Geheimnis verraten.« Jolinas bester Freund war an der Reihe und fing bitterlich an zu weinen. »Ich habe mir das Los geschnappt und den anderen erzählt, dass ich glaubte, mich eher zu Männern hingezogen zu fühlen. Wie die Mädchen über die Jungs gesprochen haben, passte eher zu meinem Empfinden, als die Jungs über die Mädchen geredet haben.« Auf Jolina prasselten Fragen ein: Bist du dir sicher? Und woran machst du das fest? »Ich konnte keine konkrete Antwort geben. Man wacht ja nicht eines Morgens auf und weiß: Ich bin schwul! Wobei ich sagen muss, dass ich zu dieser Zeit bereits für Jungs schwärmte. Auch für meinen besten Freund, der an dem Abend das erste Los mit Kreuz gezogen hatte.« Da Jolina bereits am Ausplaudern ihrer Geheimnisse war, gestand sie ihrem besten Freund einfach mal so, dass sie in ihn verliebt war. »Meine Zuneigung hat er nicht erwidert. Das war schon irgendwie in Ordnung. Ich wollte an dem Abend einfach mal alle Karten auf den Tisch legen.« Trotz des Coming-outs war sie sich gar nicht sicher, ob sie *wirklich* schwul war. Deshalb passte sie sich an. Auch um dem Mobbing – den »Schwuchtel«-Rufen und den Schlägen – weiterhin zu entgehen. Sie verteilte Liebesbriefe an Mädchen, knutschte mit ihnen herum. »Ich wollte wie meine Freunde sein und im Teenageralter einfach mal rumknutschen, Erfahrungen sammeln und mich verlieben.« Gleichzeitig trainierte sie stundenlang im Fitnessstudio, um möglichst maskulin auszusehen. Heute weiß sie, dass sie damit nur wegrannte und versuchte zu kompensieren.

Ein kleiner Lichtblick eröffnete sich, als sie mit 16 für ein Austauschjahr in die USA ging. An ihrer amerikanischen Schule traf sie einen Jungen, in den sie sich verliebte: Eric. »Das war eine komplett andere Dimension. Ich hatte zum ersten Mal Schmetterlinge im Bauch. Ich war so glücklich, dass ich dachte: Wie kann sich jemand nicht für mich freuen?« Daraus resultierte auch ihr Coming-out als schwul. »Ich habe direkt meine Familie in Deutschland angerufen und von Eric erzählt. Kurz und schmerzlos. Sie hatten sich aber schon gedacht, dass ich schwul war.« Ihre Familie akzeptierte Jolina als schwule Person ohne Wenn und Aber.

Bei Eric hingegen stieß sie auf Ablehnung. Ihre Liebe wurde nicht erwidert. »Dass ich mich in ihn verliebte, sorgte aber dafür, dass ich mich meiner Gastfamilie gegenüber outete. Ich wollte von meiner Liebe erzählen. Ich war so voll mit diesen Gefühlen.« Jolinas Gastfamilie lebte streng christlich. »Sie lebten das typisch amerikanische Leben in der Vorstadt. Vor dem Essen wurde gebetet, jeden Sonntag ging es in die Kirche. Und dann kam ich und meinte: ›Ich bin schwul!‹« Obwohl Jolina sich gut eingelebt hatte, Gottesdienste besuchte und ein Teil der Gemeinde geworden war, stieß sie mit ihrem Coming-out auf Ablehnung bei ihrer Gastfamilie. Das Land der Freiheit zeigte ihr Grenzen auf. »Mein Coming-out zerstörte ihr Weltbild. Der Austauschschüler, der sich in den letzten Wochen so gut integriert hatte, wurde auf einmal zum personifizierten Bösen, beging Sünden und würde wahrscheinlich irgendwann in die Hölle kommen.«

»MEIN ARGUMENT WAR IMMER: LIEBE IST ETWAS POSITIVES. WEN UND WIE ICH LIEBE, KANN MEIN HERZ SICH NICHT AUSSUCHEN. DAS DEFINIERT MICH NICHT ALS MENSCH – ALSO SOLLTE ES KEINEN GROSSEN STELLENWERT HABEN UND SCHON GAR NICHT FÜR ABLEHNUNG SORGEN.«

Jolina ließ sich aber nicht unterkriegen. Sie suchte aktiv das Gespräch mit ihrer Gastfamilie: »Mein Argument war immer: Liebe ist etwas Positives. Wen und wie ich liebe, kann mein Herz sich nicht aussuchen. Das definiert mich nicht als Mensch – also sollte es keinen großen Stellenwert haben und schon gar nicht für Ablehnung sorgen.« Je häufiger sie sich mitteilte, immer wieder erklärte und schlichtete, desto leichter fiel es der Gastfamilie, Jolina trotz ihrer konservativen Wertvorstellungen zu akzeptieren. Sie begriffen: Man sucht sich nicht aus, wer man ist. Es ist gegeben – zur Not halt auch von Gott. Die weiteren Monate ihres Aufenthalts verliefen problemlos.

Ihre Sexualität machte sie während dieser Zeit öffentlich. Jeder sollte wissen, wer sie war, wenn sie zurück nach Bremen kam. Ihr Coming-out bei der Übernachtungsparty in der siebten Klasse war bereits in Vergessenheit geraten. »Ich hatte das damals auf SchuelerVZ gepostet, das war eine ähnliche Plattform wie Facebook. Mein Coming-out hat sich dadurch schnell verbreitet. Das war eine kleine Sensation. Damals gab es noch nicht so viele geoutete Schwule in Bremen.« Die meisten Reaktionen waren positiv – vor allem in Jolinas Freundeskreis. Es gab aber auch negative Stimmen. »Das waren handfeste Drohungen. Ich hatte echt Angst, zurückzukommen.«

Als Jolina deutschen Boden betrat, passierte erst einmal nichts. Die Angst blieb dennoch. Aus einem Abwehrmechanismus heraus wurde Jolina lauter und bunter als je zuvor. »Ich war total affektiert und nicht ich selbst. Ich war eine Karikatur meiner selbst. Ich habe mich verstellt, weil ich so große Angst hatte, dass ich angegriffen würde. Da dachte ich mir, dass ich lieber eine Figur erschaffe, die nichts mit mir zu tun hat – wenn Angriffe kämen, hätten die nichts mit meinem wahren Ich zu tun.« Damit schützte sich Jolina zwar, verleugnete sich selbst jedoch. Das Resultat: Sie wurde sich fremder.

»Mit meiner Sexualität war ich eigentlich fein, dachte ich. Zu der Zeit kamen aber das erste Mal Gedanken auf, dass ich mit meiner Identität noch nicht glücklich war. Das war sehr verwirrend.« Den Anstoß dazu hatte sie auf einer Party bekommen. »Eine trans Frau sprach mich an und sagte: ›Ich sehe, dass da was in dir ist.‹ Sie fragte mich, ob ich nicht lieber eine Frau wäre. Das blieb so hängen bei mir, dass der Gedanke immer wiederkam und immer größer wurde.« Dieser Gedanke war eigentlich ein Gefühl, eine tiefe Wahrheit. Jolina spürte schon seit einiger Zeit, dass sie nicht im richtigen Körper geboren worden war, konnte es aber weder begreifen noch ausdrücken. Durch dieses Gespräch auf der Party kam sie mit ihrer eigentlichen Essenz in Kontakt: Sie ist eine Frau, die in einem männlichen Körper zur Welt gekommen ist.

Diese Erkenntnis machte ihr Angst. Das Coming-out als schwuler Mann hatte ihr schon sehr viel abverlangt – und nun sollte sie auch noch eine trans Frau sein? Wenn sie die Transition vom Mann zur Frau beginnen würde, würden die Angriffe explodieren, das Mobbing noch extremer werden, befürchtete sie. »Die reine Vorstellung hat mich von innen zerfressen. Ich wusste: Das wird nichts. Ich muss das akzeptieren, was ich habe – auch wenn mich das nicht komplett glücklich macht.« Jolina hatte zwar bereits ein schönes Leben, es fühlte sich aber nicht vollkommen an.

Sie kannte keine trans Menschen, die ihr ein Vorbild hätten sein können. Stattdessen sah sie in Talkshows immer wieder »Paradiesvögel«, denen sie nicht entsprechen wollte. In den Medien wurden queere Menschen als Zirkusclowns dargestellt, als Absonderlichkeiten am Rande der Gesellschaft. »Hätte ich damals, als ich fünf oder sechs war, ein Positivbeispiel für eine trans Person gehabt, wäre ich vielleicht zu meiner Mutter gegangen und hätte gesagt: ›Mama, so will ich auch sein.‹« Das war aber nicht der Fall. Jolina versteckte sich weiter hinter ihrer maskulinen, aufgedrehten Fassade. Sie war alles und jeder, nur nicht sie selbst. Das fiel auch ihrer Familie auf. »Meine Großeltern sagten: ›Es ist okay, dass du schwul bist. Aber warum musst du so unausstehlich sein?‹ Sie fanden es komisch, dass ich immer sagte, wen ich liebte, das würde mich nicht verändern. Aber genau das passierte: Ich war auf einmal nicht mehr ich selbst.« Auch ihre Freunde waren verwundert: Jolina war nicht mehr der Mensch, den sie in die USA verabschiedet hatten.

Zeitgleich meldete sie sich auf schwulen Dating-Apps an, besuchte Partys, hatte Sex. »Ich habe alles mitgenommen, was nicht niet- und nagelfest war.« Im Gegensatz zu ihren heterosexuellen Klassenkamerad*innen hatte sie keine Jugend gehabt, in der sie ihre Sexualität hätte erforschen können. »Durch das Mobbing und die ganzen negativen Erfahrungen können LGBTQI*-Menschen nicht dieses Verliebtsein als Teenager erfahren. Irgendwann wird das vielleicht gehen, in naher Zukunft aber sicher nicht.« Jolina hatte Nachholbedarf. Sie vögelte wild herum, suchte in anderen Menschen nach etwas, das sie in sich selbst vermisste. Das Gefühl, dass sie im falschen Körper steckte, wurde immer stärker. »Wenn ich mich vor den Spiegel ge-

stellt habe, dachte ich: Wie soll das jemals ein Frauenkörper werden?«
Jolina trainierte dennoch weiter exzessiv im Fitnessstudio, ging vor
der Schule 20 Kilometer joggen, versuchte sich als Mann irgendwie
wohlzufühlen. »Ich hasste meinen Körper so sehr. Ich wollte, dass zumindest andere ihn liebten.« Sie dachte, sie müsste ihren Körper nur
optimieren, um sich endlich wohlzufühlen. Ein Trugschluss, wie sie
heute weiß.

Dass Jolina eigentlich eine Frau ist, gestand sie sich nach ihrer ersten Hochzeit ein. Mit 21 Jahren heiratete sie ihre große Liebe Florian.
Die beiden lernten sich durch Zufall in einem Café kennen, in dem er
arbeitete. »Das war das erste Mal, dass meine Liebe erwidert wurde«,
erinnert sie sich. Als Jolina die
Fotos der Hochzeitszeremonie
nach der Trauung betrachtete,
fiel es ihr wie Schuppen von den
Augen: »Zu wissen, dass ich
diese Bilder, wie ich dort mit
meinem Mann im Anzug stehe,
irgendwann meinen Kindern
zeigen würde, hat mich belastet.
Und wenn ich irgendwann ster-

> »ICH HATTE ANGST, MICH
> VOR FLORIAN ALS TRANS ZU
> OUTEN. ICH DACHTE, DASS
> ER NUR EINEN MANN LIEBEN
> KÖNNTE. ICH MUSSTE ES
> ABER TUN, WEIL ICH IHM
> GEGENÜBER AUTHENTISCH
> UND EHRLICH SEIN WOLLTE.«

be, dachte ich, dann steht Julian auf meinem Grabstein.« Jolina brach
zusammen. »So wollte ich der Nachwelt nicht in Erinnerung bleiben.
Das ist bis heute die schlimmste Vorstellung für mich: Meine Enkel*innen sollen nicht über mich als Opa sprechen, sondern als Oma.« Das
war der Schlüsselmoment für ihre innere Befreiung. Für Jolina stand
von nun an fest, dass sie eine Frau ist. Die erste Person, der sie von
ihrer Transidentität erzählte, war ihr Ehemann Florian. Vier Monate
nach der Hochzeit. »Ich hatte Angst, mich vor Florian als trans zu
outen. Ich dachte, dass er nur einen Mann lieben könnte. Ich musste es
aber tun, weil ich ihm gegenüber authentisch und ehrlich sein wollte.«

Die Sicherheit, sich zu outen, gab ihr der Bund der Ehe: Beide hatten sich das Versprechen gegeben, sich immer zu lieben – egal, was passiert.

Florian und Jolina führten lange Gespräche, Tränen flossen, ihr Coming-out wurde zur Belastungsprobe. Ihr Ehemann brauchte Zeit, um diese Information zu verarbeiten. Jolina fühlte sich trotz der Probleme befreit und wollte allen anderen erzählen, wer sie wirklich ist. »Innerhalb von zwei, drei Wochen habe ich mich gegenüber meinen Freunden und meiner Familie geoutet. Den ersten zwei Freundinnen habe ich beim Feiern davon erzählt. Die waren gar nicht überrascht. Ich musste zwar erst einmal erklären, was Transidentität bedeutet – aber es ergab sofort Sinn für sie.« Auch ihre Familie reagierte gelassen. Ihre Großeltern, ihre Mutter, ihr Bruder und ihr Onkel akzeptierten sie: Endlich war Jolina der Mensch, der sie bestimmt war zu sein. »Es gab immer wieder Tiefpunkte, aber ich wurde von meiner Familie und meinen Freunden aufgefangen.« Jolina ließ sich 2013 die Haare lang wachsen, beschäftigte sich mit Make-up und Beauty-Themen und formte daraus eine Karriere als YouTuberin. Damals sprach sie noch als biologischer Mann über Make-up, ihr erstes Mal und Shopping-Trips. Am 13. November 2016 ist sie bereits ein Star auf der Plattform, als sie ein Video mit dem Titel »Ich bin transgender« hochlädt. Sie wurde damit zu Jolina Mennen. »Ich ließ mir zwei Jahre Zeit, um all das zu verarbeiten, bis ich mich auch öffentlich outete. Ich wollte nicht mit tausenden Meinungen und Kommentaren konfrontiert sein, ohne selbst gefestigt zu sein.« In der Zeit zwischen ihrem privaten und ihrem öffentlichen Coming-out machte Jolina das, was sie wollte: »Ich probierte mit Klamotten, Schuhen und Make-up rum. All das wurde mehr und mehr Teil meines Alltags. Ich musste endlich das tun, worauf ich Lust hatte und wonach mir war. Einfach mal ich, nur ich.«

Diese Zeit war der härteste Teil ihrer Selbstfindung. Im Anschluss wollte sie sich auch körperlich als Frau fühlen und begann eine

Hormontherapie. Diese schickten ihre Gefühle auf eine Achterbahn-fahrt, ihr Körper veränderte sich, die Brüste fingen an zu wachsen, der Penis wurde kleiner. Außerdem ließ sie ihren Namen und Personen-stand ändern. In ihrem Pass stand von nun an endlich ihr richtiger Name: Jolina Mennen. Die Schritte, die für Jolina sehr wichtig und auch eine Notwendikeit waren, folgten ab 2017: Sie begann mit Ope-rationen in ihrem Gesicht, 2018 folgten die Brüste und 2019 wurde Jolinas Geschlecht angeglichen. »Nach der letzten OP wollte ich mein Geschlechtsteil nicht sehen. Ich dachte, das sieht nach gerade einmal sechs Tagen sicher wie eine Kriegsverletzung aus.« Ihre Chirurgin hin-gegen bestärkte Jolina, sich mit ihrem Körper auseinanderzusetzen. »Das sah aus, als hätte mir jemand eine Handgranate zwischen die Beine geworfen. Sicher nicht wie eine schöne Vagina – das dauerte. Es war eine frisch operierte Wunde. Heute ist alles wunderschön.« Sie hätte sich das Ergebnis nicht besser vorstellen können.

· ·
»ICH LIESS MIR ZWEI JAHRE ZEIT, UM ALL DAS ZU VERARBEITEN, BIS ICH MICH AUCH ÖFFENTLICH OUTETE. ICH WOLLTE NICHT MIT TAUSENDEN MEINUNGEN UND KOMMENTAREN KONFRONTIERT SEIN, OHNE SELBST GEFESTIGT ZU SEIN.«
· ·

Während Jolina immer mehr zu sich selbst fand, ihr Körper heilte und ihre emotionale Welt ins Gleichgewicht kam, musste sie aktiv an ihrer Ehe arbeiten. »Die Angleichung war eine Belastungsprobe für Florian und mich. Ich habe schon als Jolina gelebt, aber ich hatte noch einen Penis. Sexuell war Sense. Ich kann Florian verstehen: Den ganzen Tag verbringt er mit seiner Frau und dann sind wir abends im Bett ... und dann ist da keine Frau.« Vier Monate warteten Florian und Jolina, bis sie das erste Mal nach ihrer Geschlechtsangleichung miteinander schliefen. »Mittlerweile funktioniert das sehr gut, aber es braucht Routine. Ich lerne meinen Körper immer noch wie ein Teenager kennen.«

Auf dieser Reise befindet sie sich heute immer noch zusammen mit Florian, der bedingungslos zu ihr steht. Den anfänglichen Schock nach ihrem Coming-out als trans Frau hat er überwunden, weil er Jolina als Mensch liebt. Bei Jolinas Freunden und Familie ist es genauso. All ihre Beziehungen sind durch ihre Transition gewachsen und stärker geworden: weil sie zu sich selbst steht und authentisch ist. »Heute weiß ich, dass die Transition das Beste war, was ich je getan habe. Ich habe alle Risiken in Kauf genommen. Bei den Operationen hätte was schiefgehen können. Der Leidensdruck wurde aber zu groß. Ich weiß zu 1000 Prozent, dass ich heute nicht hier sitzen würde, wenn ich meine Transition nicht begonnen hätte.« Ihre Geschichte erzählt sie heute, um andere Menschen zu inspirieren und ihnen Mut zu machen. So, wie es auf ihrer linken Hand steht: »Inspire«.

Rückblick in den Spätsommer 2019: Hochzeitsglocken läuten. Jolina trägt ein weißes Spitzenkleid mit ewig langem Schleier. Florian steht am Ende des Gangs und wartet auf seine wunderschöne Braut. Das Paar feiert mit engen Freunden und der Familie erneut Hochzeit im eigenen Garten in Bremen. Ein Fotograf macht neue Fotos, die Jolina später ihren Enkeln zeigen kann.

....

KEVIN KÜHNERT

....

»Ich jage ungerne homofeindliche Schläger
aus der Stadt. Die Aufgabe der Politik
ist es, dafür zu sorgen, dass weniger
homofeindliche Schläger entstehen.«

Im Regal steht ein Fußball, hinter dem Schreibtisch eine Porzellanfigur und in einem Schrank hängt eine Juso-Fahne. All diese Dinge strahlen in Regenbogenfarben. Selbst im Twitter-Profil: ein Regenbogen. Willkommen in der Welt von Kevin Kühnert. Aus dem sechsten Stock des Willy-Brandt-Hauses, mit Blick auf den Berliner Tiergarten, lenkt der stellvertretende SPD-Bundesvorsitzende seine politische Welt. Mit 15 trat er der SPD bei, wurde 2017 zum Jusos-Bundesvorsitzenden gewählt und zog 2019 ins Willy-Brandt-Haus ein. Zwischenzeitlich outete er sich 2018 öffentlich als schwul. »Es ergab für mich überhaupt keinen Sinn, meine Sexualität geheim zu halten«, sagt er heute.

In Berlin-Lankwitz, im gutbürgerlichen Südwesten der deutschen Hauptstadt, wuchs Kevin auf. Er bewegte sich meist zwischen den Bezirken Schöneberg, Tempelhof und Steglitz. Schule, Hobbys, Freunde – alles gut behütet, sicher und geordnet. Seine Eltern sind bis heute glücklich verheiratet; der Vater Beamter, die Mutter im Jobcenter tätig.

Die Erkenntnis, schwul zu sein, war für Kevin ein schleichender Prozess. »Es gab nicht diesen einen Aha-Moment, in dem alles klar geworden ist.« Er brauchte den Kontrast zu anderen Teenagern. Heterosexuellen Teenagern. Im Alter von zwölf Jahren fühlte er sich das erste Mal zu Jungen hingezogen. »Ich habe auf einmal Emotionen in mir entdeckt, mit denen ich arbeiten musste. Ich hatte mich bis dato noch gar nicht mit meiner Sexualität auseinandergesetzt – es war nicht mal die Vermutung da, dass ich schwul sein könnte.«

Je älter er wurde, desto präsenter wurde das Thema Homosexualität in seinem Leben. »In der Schule hat man als Teenager hin und wieder das Wort ›schwul‹ gehört. Da fing ich an, mich mit dem Thema auseinanderzusetzen, forschte im Internet und merkte: Das könnte auf mich zutreffen.« Manchmal wurde »schwul« auch als Schimpfwort benutzt, Kevin hatte aber das Glück, in einer liberalen Gegend zu leben, in der Homofeindlichkeit kein großes Thema war: »Bei uns war das nicht so heftig wie anderswo. Auch mein Umfeld in der Schule hat mir nie den Eindruck vermittelt, dass Homophobie jemals ein ernstzunehmendes Problem wäre.«

Das lag auch an zweien seiner Mitschüler: ein schwules Pärchen, etwa drei Jahre älter als Kevin, aus der 12. Klasse.»Das Schulgebäude war viereckig aufgebaut und hatte einen Innenhof. Der wurde damals aufwendig umgestaltet, da durften nur die Schüler*innen der Oberstufe rein.« Die jüngeren Schüler schauten während der Unterrichtsstunden in den Hof, um die Älteren zu beobachten.»Da war ein Erdhügel mit einer Rasenfläche. Die zwei hatten irgendwann eine Freistunde und lagen da ganz selbstverständlich zusammen, der eine den Hinterkopf auf dem Bauch des anderen. Das fand ich wahnsinnig mutig damals: Im Schulumfeld nicht nur zu sagen, ich bin schwul, sondern es auch zu leben.« Das Pärchen erlebte keine negativen Konsequenzen, kein Mobbing, keine Beleidigungen. Sie waren damit ein Vorbild für ihn – und sicher auch für einige andere Mitschüler*innen.

· ·
»NATÜRLICH SAGTE MEINE MUTTER, DASS SICH NICHTS ÄNDERN WÜRDE. ABER ICH MERKTE SCHON, DASS DIE SITUATION ÜBERHAUPT NICHT NORMAL WAR. GILT DAS MORGEN IMMER NOCH? ODER VERÄNDERT SICH DOCH ETWAS?«
· ·

Kevin forschte weiter im Internet, was Homosexualität eigentlich bedeutet. Er klickte sich durch Foren und Artikel. Je mehr er las, desto mehr konnte er sich damit identifizieren und seine Gefühle besser verstehen. Durch seine Internetrecherche kam es außerdem zum ersten Coming-out.»Meine Mutter suchte damals das Gespräch. Vielleicht hat sie im Browser-Verlauf etwas gefunden, was ich über meine Identität nachgeschaut hatte. Ich war in meinem Zimmer. Sie kam rein und wollte auf ungelenke Art etwas besprechen.« An genauere Details kann sich Kevin nicht mehr erinnern. Was seine Mutter zum Beispiel gesagt hat, was er geantwortet hat. »Vielleicht Verdrängung«, lacht er. »Im Nachhinein würde ich sagen, dass mein Schwulsein auf jeden Fall ein Thema zwischen meinen Eltern war. Und auch, dass es die Aufgabe meiner Mutter war, das Thema bei mir anzusprechen.« Kevin weiß aber noch, dass das Gespräch mit seiner Mutter sehr emotional war. »Natürlich gab es einen Drama-Faktor: Alle heulten, es war raus, und man wusste ad hoc noch gar nicht, was das eigentlich bedeutete. Natürlich sagte meine Mutter, dass sich nichts ändern würde. Aber ich merkte schon, dass die Situation überhaupt nicht normal war. Gilt das morgen immer noch? Oder verändert sich doch etwas?« Kevin hatte keine Lust auf eine weitere emotionale Runde in der Coming-out-Achterbahn, also sprach seine Mutter anschließend mit seinem Vater.

»Ein Jahr später bat mich mein Vater, abends mit ihm essen zu gehen, in einem mexikanischen Restaurant in Berlin-Lichtenrade. Ich hatte schon eine Ahnung, worum es gehen würde.« Die beiden sprachen zuerst über Handball, Schule und Alltägliches. Dann kam das Schwulsein auf den Tisch: »Irgendwann druckste er herum und kam über ein paar Umwege auf den Punkt: ›Ich wollte dir einfach nur sagen, im Namen von mir und deiner Mutter, es ist alles in Ordnung. Es ist überhaupt kein Problem. Wir mögen dich so, wie du bist‹.« Eine Last fiel von Kevin ab, die er das ganze Jahr mit sich herumgetragen hatte: Was dachte sein Vater? Wie stand er zu ihm? Nach dem Abend im Restaurant hatte er Gewissheit.

Auch wenn er in dem Jahr nach dem Coming-out bei seiner Mutter nicht das Gefühl gehabt hatte, von Unsicherheiten zerfressen zu sein, spürte er dennoch Erleichterung. »Sie haben mir nie das Gefühl gegeben, dass sie mich rauswerfen würden, aber es war schon gut, einen Haken hinter die Sache zu machen.« Die Worte seines Vaters gaben

Kevin noch mehr Selbstsicherheit. Er fühlte sich freier und wohler in seiner Haut.

In der Schule gab es kein offizielles Coming-out. »Es gab nie diesen filmreifen Moment, in dem ich vor die Klasse trat und sagte: ›Leute, seid mal kurz ruhig, ich will euch was sagen.‹ Dafür war die Schule viel zu liberal. Die hätten mich ausgelacht. Aber nicht, weil ich schwul bin, sondern weil ich so eine Show abzog.« Das wäre auch gar nicht Kevins Stil gewesen. Er wählte einen subtileren Weg: Stille Post. »Ich habe das mit ein paar Freundinnen besprochen. Und na ja, wenn man mit 16-Jährigen so etwas bespricht, dann ist das nach zwei, drei Tagen sowieso einmal durch die gesamte Schule gegangen.«

Außerdem stand für Kevin nie zur Debatte, sich immer wieder zu outen. »Ich hatte relativ früh das Gefühl, dass ich Coming-outs nicht allzu häufig brauche. Das mag sicher an dem emotionalen Coming-out meiner Mutter gegenüber liegen. Ich habe entschieden, dass meine Sexualität meine Privatangelegenheit ist. Ich sehe mich nicht in einer Berichtspflicht meinen Großeltern oder meiner Tante gegenüber.«

Innerhalb seiner Familie fehlte es ihm an Vorbildern: Er hatte keine queeren Angehörigen oder andere Jugendliche, die in derselben Phase steckten. »Wir sind eine relativ kleine Kernfamilie. Ich habe keine Geschwister. Mein Vater ist ein Einzelkind. Meine Mutter hat zwar eine Schwester, deren Sohn ist aber 15 Jahre älter als ich.« Kevin war somit mit Abstand der Jüngste in der Familie und durchlief seine Selbstfindungsphase allein. »Ich habe familiär nie mitbekommen, wie es ist, wenn Jugendliche in das Sexualitäts- und Beziehungsalter kommen und erste Freund*innen mit nach Hause bringen.«

Nach Vorbildern und Bezugspersonen suchte er stattdessen in der Musik und im Sport. Deutschpop lief bei ihm in Dauerschleife: Wir sind Helden, Silbermond, Juli, MIA. Mit seinem Coming-out verbindet er vor allem eine Platte: *Adieu Sweet Bahnhof* von Hund am Strand. »Das Album ist für mich mit der Schwul-leben-und-rausgehen-Phase verknüpft. Wenn ich das Album heute höre, kann ich mich emotional in diese Zeit zurückversetzen.« Mit seinem ersten MP3-Player saß er damals in der U-Bahn, fuhr durch Berlin und traf sich mit Freund*innen. *Adieu Sweet Bahnhof* lief immer im Hintergrund.

Sportlich tobte er sich im Handball und Fußball aus. Mit 16 trat er dem Verein Tennis Borussia bei. Ein kleiner Verein, der sich gegen Homofeindlichkeit im Sport einsetzt. »Ich habe über den Sportverein andere Schwule kennengelernt. Wie das halt so ist: Gib den Leuten eine halbe Stunde und die Schwuppen stehen irgendwann zusammen in einer Ecke. So ist das eben. Und gar nicht, um sich abzugrenzen, sondern weil man eine Peer Group bildet.«

»DIE GESCHICHTE VON KLAUS WOWEREIT HAT MICH WIRKLICH SEHR ANGETRIEBEN. NICHT DAMALS, 2001, ZU SEINEM COMING-OUT – DA WAR ICH NOCH ETWAS ZU JUNG. ABER IM RÜCKBLICK WAR DIESER SATZ SEHR PRÄGEND: ›ICH BIN SCHWUL UND DAS IST GUT SO.‹«

Mit 18 entdeckte er Dating-Seiten wie GayRomeo und das schwule Nachtleben in Berlin mit seinen unzähligen Bars und Clubs. »Mit 18 habe ich mich bei GayRomeo angemeldet, das ist das Mindestalter. Da war ich sehr penibel. Zuvor bin ich natürlich nicht auf die Idee gekommen, ein falsches Alter anzugeben.« Auf GayRomeo fand er Freunde, mit denen er die Berliner Schwulenszene erkunden konnte. »Das Schwuz war unser Wohnzimmer. Wenn man nicht wusste, wohin mit sich, ist man dorthin gegangen. Das war unser Treffpunkt.« Damit grenzte sich Kevin auch ganz bewusst von anderen Teilen der Berliner Schwulenszene ab. »Wir gehörten damals nicht in den Nollendorfkiez, da waren eher die Älteren unterwegs. Aus den Teenie-Bars im Prenzlauer Berg waren wir herausgewachsen. Und somit waren wir am Mehringdamm angekommen.« Man traf sich zum Vorglühen in der Melitta Sundström Bar, zog später zum Feiern in den Keller des Schwuz weiter. Umgeben von Berliner Institutionen wie dem Yorck-Kino, Mustafas Döner und dem Bergmannkiez, wo Hipster ihre Deko-Kristalle kaufen und Touristen in Secondhandshops stöbern, tanzte er bis frühmorgens. »Bis wir rausgeworfen wurden«, erinnert sich Kevin.

Damals tanzte und flirtete Kevin in den Berliner Schwulenclubs, heute sitzt er in seinem eigenen Büro im Willy-Brandt-Haus. Sein Leben und seine politische Laufbahn sind von einem SPD-Politiker besonders stark geprägt worden: »Die Geschichte von Klaus Wowereit hat mich wirklich sehr angetrieben. Nicht damals, 2001, zu seinem Coming-out – da war ich noch etwas zu jung. Aber im Rückblick war dieser Satz sehr prägend: ›Ich bin schwul und das ist gut so.‹« Zu diesem Zeitpunkt war offen schwul zu sein für Politiker*innen eine große Ausnahme. »Außerdem wurde er von Boulevardjournalist*innen indirekt erpresst: Entweder du outest dich oder wir tun es. Hoch beeindruckend, wie er das unter Druck gemanagt hat.« Nicht nur Kevin wurde von Klaus Wowereits Coming-out beeinflusst, sondern auch seine Heimatstadt Berlin. »In den ersten fünf Wowereit-Jahren ist sehr viel aufgebrochen, die Stadt ist internationaler geworden. Man dachte damals, dass mit der Industrie nicht viel zu holen war – also wollte man sich als Feier- und Kulturstadt etablieren. Klaus Wowereit hat das mit verkörpert.«

Heute ist der Umgang von Politiker*innen mit ihrer Homosexualität wesentlich offener – dank Klaus Wowereit und auch dank Kevin. »In der SPD, wie ich sie erlebe, ist die Sexualität vollkommen egal. Interessiert keinen. Wir sind fünf queere Evolutionswellen weiter.« Die Schwusos, die vor 43 Jahren gegründet wurden, heißen heute zum Beispiel SPD queer – »weil es nicht nur um schwule Männer geht, sondern um sexuelle und geschlechtliche Vielfalt«. In der SPD versuche man, möglichst alle marginalisierten Gruppen zu stärken, nicht nur queere Menschen, erklärt Kevin. »Menschen mit einer nicht weißen Hautfarbe machen im Schnitt viel heftigere Erfahrungen im Alltag durch, als ich sie mache. Nicht, dass es keine Diskriminierung gegenüber queeren Menschen gäbe. Natürlich gibt es die. Und ich erlebe das auch – aber ich habe nicht das Gefühl, auf der Skala der Ungleichbehandlungen auf dem vordersten Platz zu stehen.«

Dass es ihm als schwulen Mann so gut geht, liegt vor allem daran, dass die Gesellschaft offener geworden ist und queere Menschen immer weiter in die Mitte der Gesellschaft vorrücken, findet Kevin: »Die Leute merken, dass Homosexualität immer selbstverständlicher wird und man damit niemanden hinterm Ofen hervorholen kann. Selbst von politisch konservativ gesinnten Menschen bekommt man einen vor den Latz, wenn man sich homofeindlich äußert. Es gibt Menschen wie Jens Spahn, die sehr prominent in der Politik sind.« Durch die Präsenz dieser queeren Menschen in der Öffentlichkeit verbessert sich seiner Meinung nach die Lage für viele queeren Menschen in Deutschland.

Das heißt natürlich nicht, dass alles gut ist. Es ist noch viel Arbeit nötig, bis queere Menschen sicher in Deutschland leben können. Kevin glaubt, dass die letzte bleibende Domäne der Homophobie der körperliche Angriff auf gleichgeschlechtliche Paare im öffentlichen Raum ist. »Wenn irgendwelche testosterongesteuerten Typen in Nord-Schöneberg unterwegs sind und rund um den Nollendorfplatz ein schwules Pärchen sehen – das ist durchaus eine Situation, in der man mit einer Anfeindung rechnen kann.« Deswegen spaziert auch Kevin nicht händchenhaltend durch die Berliner Straßen. »Vielleicht habe ich da Komplexe. Ich sehe immer eine Exotisierung dahinter. Wenn man 20 Paare sieht, die Händchen halten, und ein homosexuelles Paar darunter ist, merken sich alle das homosexuelle Paar. Niemand würde sagen: ›Da sind gerade 19 Hetero-Pärchen an mir vorbeigelaufen.‹ Man sticht einfach heraus.« Und das möchte

Kevin nicht. »Ich weiß, dass ich mich damit einschränke, wenn ich die Hand eines Mannes nicht halte. Daran sieht man, dass eigentlich überwundene Diskriminierungsmuster im Kopf erhalten bleiben. Vielleicht wird das in 30 Jahren niemanden mehr interessieren, darüber wäre ich sehr glücklich.« Das ist die Realität für die meisten homosexuellen Paare: Mit jedem Kuss, mit jeder Berührung, setzen sie sich Blicken, Kommentaren und möglichen Angriffen aus. Kevin sieht sich in der Pflicht, das zu ändern und einen gesellschaftlichen Wandel herbeizuführen. Eine Idee, wie das funktionieren kann, hat er auch: »Ich fokussiere mich ungerne darauf, was wir tun können, wenn es bereits zu spät ist. Ich jage ungerne homofeindliche Schläger aus der Stadt. Die Aufgabe der Politik ist es, dafür zu sorgen, dass weniger homofeindliche Schläger entstehen.«

· ·

»WENN MAN 20 PAARE SIEHT, DIE HÄNDCHEN HALTEN, UND EIN HOMOSEXUELLES PAAR DARUNTER IST, MERKEN SICH ALLE DAS HOMOSEXUELLE PAAR. NIEMAND WÜRDE SAGEN: ›DA SIND GERADE 19 HETERO-PÄRCHEN AN MIR VORBEIGELAUFEN.‹«

· ·

Diese würden schließlich nicht so geboren, sondern von ihrem Umfeld geprägt. »Da geht es um Bildung und Konfrontationstherapie. Dinge, die ich von früh auf kenne und vor denen mir die Angst genommen wurde, bevor ich diese überhaupt entwickelt habe, ist die beste Garantie dafür, erfolgreich zu sein.« Kevin geht es nicht darum, dass verkrampfte Biologielehrer*innen ihren Schüler*innen Analsex erklären. Sondern dass Vorbilder zum Beispiel in Schulen von ihrer Homosexualität und erlebter Homofeindlichkeit berichten. »Wie hat man das erlebt? Die Anfeindungen, das Coming-out? Ich bin nicht hier, um euch zu missionieren. Ich möchte von guten und schlechten Erfahrungen erzählen. Und wie ihr es euch und anderen im Alltag leichter machen könnt.« So stellt er sich das vor.

Bisher müssen sich queere Menschen in geschützte Räume zurückziehen, um sicher zu sein: Clubs, Bars, Treffpunkte wie Schwulenzentren und Dating-Plattformen. »Während der Corona-Pandemie habe ich noch stärker gemerkt, wie sehr die Szene ihre Treffpunkte braucht. Wenn man davon ausgeht, dass sechs oder sieben Prozent aller Menschen homosexuell sind, dann gestaltet sich das Flirtverhalten schwierig: Wenn du 15 Leute anflirten musst, bis ein Treffer dabei ist, ist das unangenehm. Deswegen sind Safe Spaces so wichtig.« Vor allem für Menschen, die sich im Coming-out-Prozess befinden. »Ich stelle mir vor, wie es gewesen wäre, wenn ich damals ein Jahr nicht rausgekonnt hätte – so wie das während der Pandemie der Fall war. Die Leute mussten zu Hause bleiben und soziale Interaktionen eingrenzen. Das war ein heftiger Einschnitt und zwang viele Menschen dazu, wichtige Identitätsfragen mit sich selbst auszumachen.«

....

»ICH KANN DADURCH SELBST EIN VORBILD SEIN. TEENAGER SCHREIBEN MIR UND BITTEN MICH UM RATSCHLÄGE FÜR IHR COMING-OUT, WEIL SIE IHREN FREUND NICHT MIT NACH HAUSE BRINGEN MÖCHTEN ODER ANGST HABEN, RAUSGEWORFEN ZU WERDEN.«

....

Damit Teenager diese Fragen eben nicht mit sich allein ausmachen müssen, braucht es unter anderem öffentliche Vorbilder. Kevin outete sich 2018 im Berliner Szenemagazin *Siegessäule*. Es folgten Berichte in der *Frankfurter Allgemeinen Zeitung*, Auftritte bei Markus Lanz und in anderen Talkshows. »Persönliche Informationen wie meine Sexualität wollte ich eigentlich gar nicht preisgeben. Ich habe immer gesagt, ich möchte keine Betroffenheitspolitik machen. So funktioniert das aber nicht. Ich habe Privilegien durch meinen Beruf – und Öffentlichkeit bringt Verantwortung mit sich.« Das schließt für ihn ein, dass seine Sexualität die Öffentlichkeit sehr wohl etwas angeht. So wie bei seinem Vorbild Klaus Wowereit. »Ich kann dadurch selbst ein Vorbild sein. Teenager schreiben mir und bitten mich um Ratschläge für ihr Coming-out, weil sie ihren Freund nicht mit nach Hause bringen möchten oder Angst haben, rausgeworfen zu werden.«

Das Coming-out ist weiterhin für sehr viele Menschen ein großes Thema. Nicht jeder hat das Privileg, so wie er offen seine Sexualität ausleben zu können – mag es an gesellschaftlichen, kulturellen oder religiösen Stigmata liegen. Kevin sieht sich heute in der Verantwortung, für diese Menschen da zu sein und ihnen Orientierung zu bieten. Allgemeine Tipps für Coming-outs kann er allerdings nicht geben. »Das lässt sich nicht pauschalisieren. Ich kann nicht von meinen Eltern auf andere schließen, jeder Fall ist anders. Häusliche Gewalt ist ein großes Thema in Deutschland. Das Coming-out kann dann zur Bedrohung werden. Die Risikoeinschätzung muss jeder für sich selbst vornehmen. Wichtig ist zu wissen, dass es professionelle Hilfe gibt.« Er empfiehlt, sich im Internet zu informieren. Vereine, wie beispielsweise Liebe wen du willst, bieten Hilfe per Chat an. »Die Hemmschwelle, eine Nachricht im Internet zu verschicken, ist sehr gering. Das macht das Ganze so erfolgreich. Jugendliche können sich dort melden und anonym von ihren Sorgen berichten.«

Vor allem an Schulen möchte Kevin das Angebot für queere Teenager stärken. Zumindest sollen Plakate von Vereinen und Anlaufstellen, die Jugendliche kontaktieren können, zur Verfügung gestellt werden. Außerdem hofft er, dass eine gesetzliche Gleichstellung für queere Menschen erreicht wird: in den Punkten Blutspenden, Adoption und Transsexuellengesetz. Es kann einfach nicht sein, dass Männer, die mit Männern schlafen, in Deutschland nur unter strengen Auflagen Blut spenden dürfen und lesbischen Ehepaaren durch die

Stiefkindadoption immer noch der Wunsch nach einem Kind er-schwert wird. Und auch, dass sich transidente Menschen, die nach dem Transsexuellengesetz von 1980 stigmatisiert werden, zuerst eine geistige Krankheit attestieren lassen müssen, um die Geschlechts-anpassung bewilligt zu bekommen, ist für Kevin nicht akzeptierbar. Wie sein Büro im Willy-Brandt-Haus hat er es sich zur Aufgabe ge-macht, die Welt zu gestalten: bunter und gerechter.

··

MATT STOFFERS

··

»Ich wollte einfach zeigen: Hey, ich bin ein Junge, ich liebe einen anderen Jungen, guck mal, wie schön das ist. Liebe ist Liebe und hoffentlich könnt ihr das auch so sehen.«

Das Meer strahlt tiefblau. Matt Stoffers' lange blonde Locken treiben im Wasser. Er küsst seinen Freund. Später sitzen sie im Auto, halten Händchen, küssen sich immer und immer wieder. Die Szenen stammen aus einem Urlaubsvideo mit seinem ersten Freund, das Matt auf Instagram teilte. »Habt keine Angst zu lieben«, schreibt er unter den Beitrag. Das Video ist sein öffentliches Coming-out und wird tagelang in den Medien diskutiert. »Überraschendes Coming-out: Feuerherz-Star Matt ist schwul«, heißt es in einigen Berichten.

Matt war sechs Jahre lang erfolgreich mit der Schlagerband Feuerherz unterwegs, schaffte es mit jedem Album in die Top 10 der deutschen Album-Charts. Im Sommer 2020 löste sich die Band auf – der Weg war damit frei für Matts Coming-out. Zuvor hatte er Angst gehabt, seine Homosexualität öffentlich zu machen. »Das Ding war, dass ich nie das Gefühl hatte, dass ein Coming-out sicher für meine Karriere gewesen wäre. Ich dachte, die Leute wären nicht bereit dafür und es würde mich meinen Job kosten.« Für Matt ging es dabei aber nicht nur um sich selbst, sondern auch um seine Bandkollegen Sebastian, Karsten und Dominique. »Ich wollte den anderen keine Probleme bereiten, die ganze Aufmerksamkeit auf mich ziehen, wenn wir eigentlich eine Boyband sind. Wir waren ein Team, vier Jungs, die zusammen Musik machen.«

Seine ersten Coming-outs fanden im Privaten statt, als er 17 war. Aufgewachsen ist er in Nunspeet, einer kleinen niederländischen Gemeinde. »Dort sind die Menschen sehr gläubig und es gab nur eine Schule – eine Grundschule, die ebenfalls katholisch war. Außerdem war alles sehr heteronormativ geprägt.« Als Kind und Teenager hatte Matt immer das Gefühl, dort nicht willkommen zu sein. »Mit 15, 16 hatte ich meine ersten Modeljobs und alle fanden das schwul. Das war was für Mädels.« Außerdem trug Matt andere Klamotten als seine Schulkamerad*innen, interessierte sich für Mode, kleidete sich trendbewusst. »Da fing es an: ›Bist du schwul oder was?‹ Das Wort ›schwul‹

hat mir echt wehgetan. Es war zwar nicht so, dass ich richtig gemobbt wurde, aber ich habe trotzdem versucht, mich anzupassen.« Das war vor allem später in der Boyband Feuerherz der Fall. »Ich war zu der Zeit nicht authentisch, klar«, gibt Matt heute ehrlich zu.

Bereits als Kind spielte er mit Barbiepuppen. »Ich war vier oder fünf und habe bei meiner Oma mit Puppen gespielt. Und ja, da haben auch ein paar Leute gesagt, dass das für Mädels sei. Als Kind habe ich das nicht verstanden – wieso ist das was für Mädels? Ich fand es auch schön, mit Puppen zu spielen.« Zu Hause durfte Matt nicht mit Puppen spielen. »Mein Papa wollte das nicht. Meine Mutter schlug stattdessen Actionfiguren vor, Puppen für Männer.« Mit diesem Kompromiss war Matt erst einmal zufrieden, auch wenn es für ihn keinen Unterschied machte, ob es eine Barbie oder ein Superheld war.

In der Grundschule hatten die Kinder ihre ersten Liebeleien, verschickten Willst-du-mit-mir-gehen-Zettelchen. Matt interessierte sich damals schon eher für die Jungs. »Ich fand es immer so schade, dass ich das nie mit einem Jungen machen konnte. Damals dachte ich mir schon: Ich bin ein bisschen anders als die anderen.« In der Pubertät verliebte sich Matt in seinen besten Kumpel, der allerdings eine Freundin hatte. »Ich hätte ihn echt gerne geküsst, aber ich wusste, dass das nicht geht.« Stattdessen probierte sich Matt mit Mädchen aus. »Ich war selbst noch am Suchen, dachte, dass ich vielleicht Mädels interessant finden kann. Ich wusste zwar insgeheim schon, dass ich auf Männer stehe. Aber dann dachte ich auch, vielleicht kann ich ein bisschen wie meine Kumpels sein, mich auf Mädchen fokussieren und auf Partys rummachen.«

Zwischen Matt und seinen Freunden entstand ein Wettkampf: Wer kann die meisten Mädels küssen? Einige Mädchen verliebten sich in Matt, für eine war er sogar die erste große Liebe. »Da habe ich schon gefühlt: Nein, was sie fühlt, das habe ich nicht.« Ein anderes Mädchen wollte unbedingt mit Matt schlafen – so sehr, dass sie fast eine Grenze überschritt. »Ich habe gefühlt: Nein, das ich nichts für mich. Ich habe ihr gesagt, ich glaube, ich will nicht. Sie wollte mich nicht gehen lassen und hat sich auf mich geworfen.« Matt konnte sich jedoch befreien und der Situation entkommen.

· ·

»ICH WAR VIER ODER FÜNF UND HABE MIT PUPPEN GESPIELT. UND DA HABEN EIN PAAR LEUTE GESAGT, DASS DAS FÜR MÄDELS SEI. ALS KIND HABE ICH DAS NICHT VERSTANDEN. ICH FAND ES AUCH SCHÖN, MIT PUPPEN ZU SPIELEN.«

· ·

Dadurch wurde ihm endgültig klar, dass zwischen ihm und Mädchen einfach nichts ist außer Freundschaft. Er fühlte sich allein. In seinem Dorf und in der Schule gab es keine anderen schwulen Jungs, glaubte er. Das änderte sich, als er seinen ersten Job neben der Schule in einem Hotel bekam. »Dort habe ich einen Typ getroffen, den ich richtig hübsch fand. Er hat auch dort gearbeitet. Aber ich hätte nie gedacht, dass er schwul ist. Er war immer von sehr hübschen Mädels umgeben.« Doch Matt hatte sich getäuscht. Der Junge steckte ihm eines Tages einen Zettel zu, auf dem seine MSN-Adresse stand. »Was? Ein Typ, der mir sowas gibt? Er war der Erste, mit dem ich ein wenig was ausprobiert habe.« Sie schrieben eine Weile im Chat, tauschten sich aus, flirteten. Matts Bruder bekam es mit und es folgte das erste Coming-out. »Ich habe mit dem Typen telefoniert. Und mein Bruder stand vor meiner Tür und hat zugehört, mit wem ich redete. Er hat den Namen des Jungen gehört. Dann sagte er: ›Hey, das ist doch der Typ von der Arbeit? Aber du hast am Telefon gesagt, dass du ihn magst ... aber der ist ein Typ?‹ Ich so: ›Ja, Ken, das geht auch. Ich stehe auf Männer, aber du darfst Papa und Mama nichts davon erzählen. Das ist jetzt unser Geheimnis.‹« Ken hielt dicht, deckte seinen Bruder, bis dieser bereit war, sich selbst zu outen.

Der Junge aus dem Hotel war Matts erster Crush. Sie küssten sich, erkundeten ihre Körper und gingen auf Dates. Unter anderem ins Kino, wo ihn eines Abends seine Mutter abholte. Matt stieg ins Auto, seine Mutter fragte ihn: »Mit wem warst du im Kino? Erzähl doch mal!«

Matt konnte nicht lügen und antwortete: »Ich war mit einem Jungen aus dem Hotel dort.«

Seine Mutter hakte nach: »Mit einem Typ?«

Er entgegnete: »Ja, Mama, ich stehe auf Typen.«

Matt hatte kurz Angst, wie sie reagieren würde, ob sie sauer sein oder ihn verstoßen würde. »Sie ist an den Straßenrand gefahren, da bekam ich echt Schiss. Sie sagte: ›Ich habe das schon geahnt und ich unterstütze dich. Ich liebe dich, wie du bist.‹ Und dann hat sie mich in den Arm genommen.«

Obwohl Matt in einem Moment kurz ängstlich war, hatte er ein tiefes Grundvertrauen in seine Mutter, das es ihm erlaubte, sich ihr zu öffnen. »Bei meinem Papa hatte ich wesentlich mehr Angst. Der war sehr autoritär und beim Militär. Ich dachte, der findet das nicht cool.« Sein Vater wollte immer, dass sein Sohn stark und taff wird. Schwul zu sein, dachte Matt, würde da nicht ins Bild passen und er würde seinen Vater enttäuschen. »Ich weiß es noch ganz genau: Ich hatte meiner Mutter gesagt, dass ich ihm davon erzählen wollte. Zwei Wochen später kam er auf mich zu und meinte: ›Matt, wir müssen über deine Sexualität reden.‹« Matt hatte lange Zeit seine Mutter in Verdacht, dass sie sich einfach verplappert hatte – so war es aber gar nicht: »Ich habe ihn vor ein paar Jahren noch mal gefragt und er meinte: ›Nein, Mama hat nichts gesagt.‹ Er wollte wirklich von sich aus darüber sprechen.«

Matt erzählte von seinem Date mit dem Jungen aus dem Hotel, den er so gerne mochte. »Ich sagte ihm, dass ich auf Männer stehe. Aber vielleicht auch ein bisschen auf Mädels. Ich fand es noch zu schwer, mich zu entscheiden und ihm zu sagen, dass ich mehr auf Männer stehe. Ich wollte ihn nicht enttäuschen.« Matts Vater versuchte ihn zu unterstützen. »Er sagte, ich müsse mich entscheiden. Und wenn es nur Männer seien, würden wir es gemeinsam der ganzen Familie sagen. Dafür war ich aber noch nicht bereit.« Matt wollte lieber in Ruhe von seinem Freund erzählen, wenn er sich bereit fühlte. Mein Vater wollte für mich da sein. Er glaubte aber auch, ich würde es als schwuler Mann schwerer haben im Leben. Das war ein Fakt für ihn. Im Nachhinein hat er Jahre später gesehen, dass ich nicht so viele Schwierigkeiten hatte, wie er zuerst glaubte. Dass ich einfach glücklich mit mir als Person war.«

Anschließend outete sich Matt seiner besten Freundin gegenüber. Sie hatten sich als Teenager für kurze Zeit gedatet, aber gemerkt, dass sie lieber Freunde sind. Das Coming-out ihr gegenüber lief sehr kurz ab. Sie trafen sich in einem Club. »Ich bin direkt auf sie zugerannt und habe geschrien: ›Zwischen uns lief nichts, weil ich nicht auf Mädels stehe. Ich liebe Schwänze!‹ Ich fand es so lustig, das einfach rauszuschreien. In dem Moment war die Musik aber fast zu Ende und fast jeder im Club konnte es hören.« Diese lustige Anekdote sorgte dafür, dass Matt und seine Freundin noch enger zusammenwuchsen und bis heute befreundet sind.

Die wichtigsten Coming-outs hatte er hinter sich gebracht. Eigentlich war es nun an der Zeit für die Liebe, oder? »Damit habe ich sehr lang gewartet ... so vier, fünf, sechs Jahre, bis ich meine erste Beziehung hatte.«

Seinen ersten festen Freund lernte Matt mit Mitte 20 im Sommerurlaub mit zwei Freundinnen in Barcelona kennen. Die pulsierende Großstadt, der Strand, die heißen Spanier – und dazwischen er mit seinen blonden Locken. »Wir sind nach La Terrassa gefahren, dort war eine LGBT-freundliche Diskothek.« Matt betrat den Club. »In dem Moment sah ich diesen einen Typen. In der Mitte der Tanzfläche, als ob der von oben einen Schein hätte. Seine langen Haare ... Puh, das vergesse ich nie wieder! Ich dachte: Das ist mein Jesus.« Matt war schlagartig verliebt, wollte unbedingt mit seinem Jesus, der eigentlich Miguel hieß, reden. »Ich wollte ihn unbedingt. Meine Freundinnen meinten aber: ›Nein, nein, der ist straight.‹« Trotz seiner starken Gefühle ließ Matt die Idee fürs Erste fallen, verbrachte den Abend im Club, konnte seine Augen aber nicht von Miguel lassen. »Ich dachte, der steht nicht auf mich und schon gar nicht auf Männer. Ich war an dem Abend aber seeeehr gut angetrunken und hatte dadurch doch den Mut, ihn anzusprechen. Was hatte ich schon zu verlieren?«

Für Matt war es das erste Mal, dass er auf einen Mann zuging und mit ihm flirtete. »Es war total verrückt, ich war richtig umgehauen. Allerdings wurde der Club dann geschlossen.« Beide standen noch draußen, redeten. Matt wusste nicht, was er als Nächstes tun sollte. »Ich hatte einfach so eine Connection mit ihm. Und dann haben wir gesagt: ›Ey, wir machen eine Party bei uns zu Hause, in unserem AirBnb. Hast du Bock, mitzugehen?‹« Matts Schwarm sagte zu und auf einmal saßen sie zu zweit in einer Ecke in Matts Ferienwohnung. »Wir waren mehr oder weniger allein, haben geredet und geredet und dann habe ich ihn einfach geküsst. Wir haben nur noch rumgemacht und ich wusste: Das ist es jetzt.« Nach dieser Nacht hatte Matt allerdings nur noch zwei Tage in Barcelona übrig, bevor es nach Hause in die Niederlande ging. »Wir haben uns noch sehr oft gesehen. Und ich war auch der erste Typ, mit dem er was hatte.«

· ·

»ER MEINTE, ICH WÜRDE ES ALS SCHWULER MANN SCHWERER HABEN IM LEBEN. IM NACHHINEIN HAT ER JAHRE SPÄTER GESEHEN, DASS ICH NICHT SO VIELE SCHWIERIGKEITEN HATTE, WIE ER ZUERST GLAUBTE. DASS ICH EINFACH GLÜCKLICH MIT MIR ALS PERSON WAR.«

· ·

Mit dem Ende des Urlaubs war die Romanze für Matt eigentlich beendet. »Ich dachte, er wollte nur mal ausprobieren, wie sich das mit einem Mann anfühlt. Ich hätte nicht gedacht, dass daraus was Ernstes werden könnte.« Als Matt wieder zu Hause in Holland war, bekam er eine Textnachricht von Miguel:»Sehen wir uns wieder?« Matt war unschlüssig, ob es das Richtige wäre – vor allem auf die weite Distanz. »Ich dachte zum ersten Mal: Weißt du was, Matt, lass dich einfach mal fallen und sei offen für eine Beziehung.« Miguel kam Matt in Holland besuchen, Matt flog danach wieder nach Spanien. Ab da waren die beiden zusammen. Die Beziehung hielt zwei Jahre, und Miguel war auch der Anlass, wieso Matt sich letztendlich weiter outete.»Ich habe mich dem Rest der Familie gegenüber geoutet, so wie ich das eigentlich auch vorhatte. Ich wollte es machen, wenn ich einen Freund habe, den ich einfach mitbringen und sagen kann: ›Das ist mein Freund.‹ Dieser Moment war so schön, weil ich sehr stolz auf meinen Boyfriend war. Es war alles sehr leicht und natürlich – alle haben sich gefreut. Ich weiß noch, dass Opa ein bisschen Eingewöhnungszeit brauchte. Er ist noch von altem Schlag.« Dennoch fühlte sich Matt bedingungslos von seiner Familie angenommen. Er war glücklich.

»Er war meine erste große Liebe und ich glaube, das wird er auch immer sein. Das war echte Liebe und die hat mir die Kraft und Energie gegeben, mich öffentlich mit dem Instagram-Video zu outen.« Während seiner Karriere als Schlagerstar durfte er nie über die Beziehung zu Miguel reden, obwohl sie einen großen Teil seines Lebens einnahm. »Als Feuerherz begann, ich dann Miguel kennenlernte, ich in mein erstes Haus gezogen bin – das war die schönste Zeit überhaupt. Alles hat gestimmt.« Matt wollte seine Fans und die Öffentlichkeit an seinem Glück teilhaben lassen, er konnte aber nicht. Das wurde erst möglich, als sich Feuerherz im Sommer 2020 trennte.

»Ich habe Miguel kurz vor meinem öffentlichen Coming-out wiedergetroffen und wir haben über das Video gesprochen, das ich später gepostet habe. Das war ein paar Tage vor dem National Coming Out Day.« In Matt wurde der Gedanke laut, dass es nun an der Zeit war, den Schritt in die Öffentlichkeit zu wagen. »Ich wollte das nicht nur für mich machen, sondern auch um ein positives Beispiel und ein Vorbild zu sein. Ich wollte einfach zeigen: Hey, ich bin ein Junge, ich liebe einen anderen Jungen, guck mal, wie schön das ist. Liebe ist Liebe und hoffentlich könnt ihr das auch so sehen.« Der Unterschied war nur: Matt stand jetzt in der Öffentlichkeit.

Ihn kostete dieser Schritt sehr viel Überwindung, weil sich damit auch sein Bild in der Öffentlichkeit wandelte: Während seiner Zeit bei Feuerherz musste er den Hetero-Boy spielen, dem die Mädchen zu Füßen lagen. »Boybands sind für Mädels. Die müssen dich lieben, du bist ein Mädchenschwarm. Und da war mir gleich zu Beginn klar, dass es nicht gut ist, wenn ich mich oute. Ich dachte, die Plattenfirma würde das nicht akzeptieren.« Auch in der Band behielt Matt seine Sexualität das erste Jahr für sich. Er wollte erst einmal abwarten und die Lage checken. Außerdem wollte er keinen Stempel verpasst bekommen. Er wollte als Mensch und nicht als »der Schwule« gesehen werden.

> **»ICH HABE MICH DEM REST DER FAMILIE GEGENÜBER GEOUTET, SO WIE ICH DAS EIGENTLICH AUCH VORHATTE. ICH WOLLTE ES MACHEN, WENN ICH EINEN FREUND HABE, DEN ICH EINFACH MITBRINGEN UND SAGEN KANN: ›DAS IST MEIN FREUND.‹«**

»Mit Sebastian habe ich mich immer mehr angefreundet und eines Abends habe ich es ihm einfach erzählt. Er war erstmal ein bisschen geschockt, weil er nie damit gerechnet hätte. Ich habe ihm dann natürlich auch von Miguel erzählt und dass wir zusammen sind.« Für seinen Bandkollegen öffnete sich damit eine neue Welt: Für ihn waren Schwule eher Paradiesvögel aus dem Fernsehen – und auf einmal war sein bester Freund schwul. »Er ist dadurch offener geworden und wir sind noch viel engere Freunde. Es hat sich also nur verbessert.«

Mit den anderen Jungs, Karsten und Dominique, ließ sich Matt noch etwas Zeit. »An Silvester kam der richtige Moment. Ich habe auf der Party ein Mädel geküsst. Einfach aus Spaß. Und dann meinte ich im Gespräch mit den Jungs: ›Ja, die ist sehr hübsch, aber ich muss sagen, ich kann auch Typen sehr hübsch finden. Ich stehe eigentlich auf Männer und ich habe einen Boyfriend.‹« Dominique und Karsten waren überrascht, freuten sich aber über Matts Offenheit und seinen Mut. »›Jetzt bist du ein richtiger Freund, weil du uns so vertraust‹, meinten die beiden. Sie hatten es aber auch schon ein bisschen geahnt.«

Der Plattenfirma erzählte Matt nie von seiner Sexualität, weil es für ihn als Person auf der Bühne auch keinen Unterschied gemacht hätte: Er wollte performen und singen, seine Sexualität hatte damit nichts zu tun. »Ich hatte natürlich auch Angst um meine Karriere, wie und ob sie weiter laufen würde.« Nun ist Feuerherz ein Kapitel in Matts Leben, das er fürs Erste abgeschlossen hat. Sein Team stand während des öffentlichen Coming-outs hinter ihm. »Die waren da ganz entspannt. Sie fanden es schön, dass ich jetzt zu mir stehe und das Video gepostet habe, in dem es einfach um Liebe geht.«

. . . .

»FRÜHER FAND ICH ES COOL, DASS ANDERE DACHTEN, ICH WÄRE HETERO. HEUTE IST DAS ANDERS: MICH STÖRT ES, WENN ICH JEDES MAL WIEDER SAGEN MUSS, DASS ICH NICHT MÄDELS GUT FINDE, SONDERN JUNGS. MIT JEDEM MAL WIRD ES ABER AUCH EINFACHER.«

. . . .

Als Matt sein Coming-out-Video teilte, dachte er, es würden höchstens ein paar Menschen darauf aufmerksam werden und wenige Newsportale darüber berichten. »Aber auf einmal hatte RTL darüber berichtet und ich hatte fast 2000 Nachrichten auf Instagram bekommen. Die Nachrichten waren voller Liebe und es gab auch sehr viele Coming-out-Geschichten von Jungs und Mädels.« Am meisten freute sich Matt über diese Nachrichten: »Einige habe mir geschrieben, dass ich ihnen Mut gemacht habe, dass sie sich jetzt outen möchten und endlich die Kraft dazu haben. Einer schrieb: ›Matt, ich glaube, ich erzähle es heute Abend meinem Papa, weil du mir jetzt die Eier gegeben hast, um das wirklich zu machen.‹« Der Junge outete sich tatsächlich, was Matt sehr berührte. »Ey, ich habe es gemacht. Das ist voll gut angekommen, ich will mich bedanken. Du wirst für immer in meinem Herzen bleiben‹, schrieb er mir danach. Ich hatte Gänsehaut an meinem ganzen Körper, als ich das las.«

Das war es, was Matt mit seinem Coming-out bewirken wollte: Er teilte seine Geschichte, um anderen Mut zu machen und ein Vorbild zu sein. Heute ist das Coming-out eine Art Sport für ihn geworden. Eine Disziplin, die er fast jeden Tag trainieren muss. »Früher fand ich es cool, dass andere dachten, ich wäre hetero. Heute ist das anders: Mich stört es, wenn ich jedes Mal wieder sagen muss, dass ich nicht Mädels gut finde, sondern Jungs. Mit jedem Mal wird es aber auch einfacher und manchmal ist es auch ganz lustig.«

Mittlerweile sind queere Menschen in der Gesellschaft wesentlich akzeptierter, findet Matt, was vor allem an der jüngeren Generation liegt: »Die jüngere Generation findet es cool, queer zu sein, selbst die Heteros. Die probieren viel mehr aus.« Jungs küssen Jungs, Mädels küssen Mädels. Und selbst wenn es nur zum Ausprobieren ist. Das findet Matt wesentlich gesünder, als in Schubladen zu denken und sich selbst zu verleugnen. »Sich zu outen wird immer leichter. Ich bin sehr positiv eingestellt und sehr stolz auf mich als Mensch. Deswegen kostet mich ein Coming-out heute auch nicht so viel Überwindung. Es gibt nie den perfekten Tag oder Moment. Der ist immer jetzt.«

MARCUS URBAN

»Im Fußball darf man nicht schwul sein. Ich musste mein Verlangen verdrängen und konnte meine Sexualität nicht erforschen.«

Marcus Urban wirft sich ein buntes Sakko über, das in einem blau-grünen Unterton gehalten ist. Darauf prangen grüne Palmblätter. Er sieht fast ein bisschen aus wie Jennifer Lopez in ihrem legendären Versace-Kleid bei den Grammys im Jahr 2000. Marcus war der erste deutsche Profifußballer, der sich öffentlich als schwuler Mann geoutet hat. Er gilt als Vorbild für Thomas Hitzlsperger, der sich Jahre später zu seiner Homosexualität äußerte und nun als Galionsfigur für schwule deutsche Fußballer gilt.

Das bunte Sakko hat eine ganz besondere Bedeutung für ihn. Es steht in Zusammenhang mit seiner Sexualität. Ein ungeschriebenes Gesetz besagt nämlich, dass Profisportler nicht schwul sein dürfen. »Als ich auf der Sportschule war, wurde mir ›Schwuchtel‹, ›Schwule Sau‹, ›Wie siehst du aus?‹, ›Was hast du für bunte Schuhe an?‹ und so weiter hinterhergerufen. Wenn du farbige Klamotten anhattest, warst du schwul.« Und Marcus trug schon immer gerne bunte Kleidung.

Aufgewachsen ist er in Weimar, genauer gesagt in Weimar-West. »Im Plattenbau. Das war sehr trist und manchmal ein bisschen langweilig. Wir Kinder hatten guten Kontakt untereinander, aber die Situation zu Hause war nicht schön. Es gab Gewalt in der Familie, ich habe mich sehr minderwertig, klein und schuldig für das Leid meiner Familie und die Schlägereien gefühlt.« Mit neun hatte er zum ersten Mal suizidale Gedanken. Das Leben wurde zum Kampf.

»Es ging oft nur darum, das irgendwie zu überleben«, erzählt er heute. Er wurde depressiv. Er brauchte einen Lichtblick, etwas, das ihm Hoffnung gab. Und dann kam der Fußball. »Fußball war meine Möglichkeit, zu flüchten. Ich bin mit 13 auf ein DDR-Sportinternat gekommen. Das war eine große Ehre. Die Plätze auf der Sportschule waren rar und sehr begehrt.« Von da an lebte er in dem Internat in Erfurt, stieg schnell in den Ligen auf. »Ich spielte dann plötzlich in der Nationalmannschaft. Unter den besten elf des Landes. Ich habe international gespielt und das war der Ausgleich zu dem inneren Elend und dem Gefängnis, das ich zu Hause erlebt hatte.«

So erfolgreich er im Fußball wurde, so sehr blieben seine persönliche und seine emotionale Entwicklung zurück. »Das Umfeld im Sportinternat war ganz klar homophob. Schwuchtel, schwule Sau ... das habe ich immer und immer wieder gehört. Auch die Trainer haben durch ihre Aussagen gezeigt, dass es nicht möglich war, anders zu sein als ein heterosexueller Mann, der sich mit seinem Geschlecht identifiziert.« Marcus musste sich selbst verleugnen, denn er wusste bereits lange vor seiner Zeit im Sportinternat, dass er schwul ist: »Ich erinnere mich an Szenen am

> **»DAS UMFELD IM SPORT-INTERNAT WAR GANZ KLAR HOMOPHOB. SCHWUCHTEL, SCHWULE SAU ... DAS HABE ICH IMMER UND IMMER WIEDER GEHÖRT.«**

Strand, als ich fünf oder sechs war. Ich habe Onkel Georg hinterhergeschaut. Er entspricht dem Männerbild, das mir heute noch gefällt. Ein bisschen kräftiger, bisschen behaart, bisschen maskulin und ein bisschen reifer.« Auf dem Internat verguckte er sich dann in den Geografielehrer. »Das war wieder das gleiche Männerbild, ich war aber zu jung.«

Allein bei dem Gedanken an Homosexualität bekam er jedoch Angst. »Ich habe meine Zuneigung für Männer versteckt. Ich habe mich selbst aufgegeben. Im Fußball darf man nicht schwul sein. Ich musste mein Verlangen verdrängen und konnte meine Sexualität nicht erforschen. Das Fußballspielen war mir einfach zu wichtig. Es sicherte mir ein Leben fernab von zu Hause.« Dank des Fußballs und seines Talents hatte er ein neues Leben bekommen: Er war auf Reisen, wollte später in der Nationalmannschaft spielen und einer der besten Profifußballer der Welt werden. Der Erfolg sollte zur Wiedergutmachung für die Leere in seinem Inneren werden. Wenn er nur möglichst gut wäre, dann würde auch alles andere gut, dachte Marcus. Das funktionierte aber nicht: Er blieb traurig.

»Obwohl ich stark depressiv war, schaffte ich es Anfang der Neunzigerjahre in den erweiterten Stamm des Bundesligateams von Rot-Weiß Erfurt. Es ging darum, in die Bundesliga zu kommen, das wäre das Mindeste für mich gewesen.« Allerdings steckte er mitten im Burnout: Er hatte sich so weit gepusht, dass nichts mehr ging, war immer wieder über seine eigenen Grenzen gegangen. Er brauchte eine Pause. »Ich kehrte daher in meine Heimatstadt Weimar zurück und spielte dort unter semiprofessionellen Bedingungen weiter. Aber das Spielen reizte mich nicht mehr, die Motivation war plötzlich weg.« 1993 nahm er daher ein Studium in Weimar auf, wurde Diplomingenieur für Stadt- und Regionalplanung.

....

»ICH HABE MEINEN FREUNDEN GESAGT: ›ÜBRIGENS, ICH BIN SCHWUL UND ICH HABE EINEN FREUND.‹ ICH WAR SO STOLZ UND SO FROH, DASS ICH DAS GEMACHT HABE. DAS WAR AUCH EIN SEHR GUTER SCHACHZUG, UM HERAUSZUFINDEN, WER MEINE ECHTEN FREUNDE SIND.«

....

Nach dem Studium ging Marcus nach Neapel. »Die Stadt hat mich ... aufgeknöpft, hat mir eine neue Seite gezeigt, meine emotionale Seite.« In Italien sah er neue Lebensrealitäten, kam mit sich selbst in Kontakt – Weimar war zu sehr mit den Traumata seiner Kindheit verknüpft. In Neapel konnte er sich neu entdecken. »Ich stellte alles auf den Prüfstand: meine Familie, Liebe, Sexualität und Herkunft.«

Vor allem mit seiner Sexualität, die er bis dahin unterdrückt hatte, kam er in Neapel plötzlich verstärkt in Berührung. »Meinem besten Freund dort habe ich gesagt, dass ich ihn wie einen Bruder liebe. Aber eigentlich meinte ich damit mehr. Ich hatte aber noch zu große Angst vor dem Thema Homosexualität und habe Sprüche geklopft, wie: ›Ich habe nichts gegen Schwule, aber sie sollen mich nicht anfassen.‹« Er tauchte in die Clubs und Bars ab, traf Menschen aus aller Welt und aller sexuellen Identitäten: schwule Männer, lesbische Frauen, bisexuelle und transidente Menschen. »Ich hatte zum ersten Mal direkten Kontakt zu diesen Menschen und klopfte wieder diese typischen Machosprüche: ›Alles okay, solange die von mir wegbleiben.‹ Ich war ja auch ein Macho und ich habe auch selbst gemobbt, ich bin nicht nur gemobbt worden. Ich war nicht nur Opfer, sondern auch Täter. In Wirklichkeit wollte ich aber von Männern angefasst werden.« Seine Sprüche waren reine Fassade.

Die Emanzipation aus der Machorolle schaffte Marcus erst wieder zu Hause in Weimar. »Ich fühlte mich nicht gut, stellte schon wieder alles auf den Prüfstand. Was war nur los mit mir? Das versuchte ich in einer Therapie herauszufinden.« Marcus wollte verstehen, was mit ihm los war, wieso er sich so ausgelaugt fühlte. Er sagte sich: »Ich probiere jetzt einfach mal alles aus, worauf ich Lust habe.« Er trug die bunten Klamotten, auf die er Lust hatte, beschäftigte sich mit Kräutern, mit Therapieformen, mit Männern.

»Wenn ich Bock hatte, nachts baden zu gehen, bin ich einfach losgefahren mit dem Fahrrad und bin ins Freibad, bin über den Zaun gestiegen und bin nachtbaden.« Das war im Juni 1994. Der Einbruch führte zu seinem ersten Sex mit einem Mann – und noch viel mehr. »Dann kam der Bademeister und leuchtete mit einer Taschenlampe: ›Ey, was machst denn du da?‹ Daraufhin habe ich mich entschuldigt und er hat gefragt, ob ich mich noch zu ihm setzen wollte.« Marcus saß eine Weile mit dem Bademeister zusammen, redete mit ihm. »Er sagte auf einmal: ›Du, ich hoffe, ich kann dir das sagen und du haust mir jetzt keine in die Fresse, aber du gefällst mir.‹ Ich war in diesem Fahrwasser von scheißegal – da fragte er mich, ob ich Lust hätte, mit ihm die Nacht zu verbringen.« Marcus sagte zu, blieb über Nacht. »Das war ein entscheidender Moment, diesen Sprung zu machen und zu sagen, komm, probiere es jetzt, ist doch scheißegal. Und dann war ich so happy, es war so eine tolle Nacht!«

Der Bademeister war nicht geoutet, auch Marcus hatte sein ganzes Leben lang gedacht, er wäre hetero.»Alle Frauen liebten ihn, weil er so gut aussah, ein Schwimmertyp, kräftig gebaut und sehr maskulin.« Nach dieser ereignis- und erkenntnisreichen Nacht im Schwimmbad hatte Marcus seinen ersten festen Freund – und damit sein Coming-out.»Wir waren sofort zusammen. Ich habe meinen Freunden gesagt: ›Übrigens, ich bin schwul und ich habe einen Freund.‹ Ich war so stolz und so froh, dass ich das gemacht habe. Und dann war es mir auch scheißegal, wer bleibt und wer geht. Im Gegenteil, das war ein sehr guter Schachzug, um herauszufinden, wer meine echten Freunde sind.«

Mit diesem Mindset ging Marcus ins Coming-out seiner Familie gegenüber:»Meine Mutter, mein Vater, wer gehen will, kann gehen. Die haben aber cool reagiert.« Seine Mutter kam gerade aus dem Urlaub zurück, da legte Marcus ein Foto von sich und seinem neuen Freund auf den Tisch.»Ich habe sie damit konfrontiert und gesagt: ›Ich bin schwul und das hier ist mein Freund.‹ Und sie meinte nur: ›Wie bitte? Der? Auf den stehen doch alle Frauen. Das gibt es doch nicht ... der ist wirklich schwul?‹« Marcus' Mutter war ein bisschen neidisch auf den attraktiven Bademeister, gestört hat sie die Homosexualität ihres Sohnes aber nie.»Wie das bei Müttern so ist, hatte sie es bereits geahnt und fragte dann, ob er zum Abendessen kommen will. Das war damit kein Thema mehr.«

Das Coming-out seinem Vater gegenüber verlief ähnlich problemlos.»Wir hatten zuvor kaum Kontakt, das konnte man dem Vater in der DDR damals verbieten. Ich hatte gehofft, dass sich durch mein Coming-out wieder mehr Kontakt ergeben würde, der sich gut anfühlt. Aber das ist nicht passiert.« Zwar stehen die beiden in Beziehung, eine richtige Vater-Sohn-Bindung ist aber nie entstanden. »Zu meinem Coming-out sagte er: ›Ah, mit 21 dachte ich auch, ich könnte schwul sein, aber es hat sich schnell rausgestellt, dass ich es nicht bin.‹ Ich habe also moderne Eltern, wenn man so will.«

Marcus war überrascht, aber auch positiv beeindruckt, dass sein Vater sich so sehr mit seiner eigenen Sexualität beschäftigt hatte. »Im Prinzip steht das für alle einmal an, zu checken, stehe ich denn auf Männer oder auf Frauen oder auf beide? Oder bin ich gar nichts von den drei Optionen? Dem Facettenreichtum ist genauso wie bei allen anderen Themen, beim Alter, bei der Herkunft, keine Grenzen gesetzt.« Heterosexuelle Cis-Männer und -Frauen legt man allerdings weniger Steine in den Weg, findet er, »weil es der Norm entspricht, heterosexuell zu sein, und dadurch ist die Selbstfindung easier für diese Menschen. Aber das Nachdenken und Probieren stehen für alle an«.

Marcus ist in der DDR aufgewachsen. Dort hat es ihm nicht an allem, aber an ziemlich viel gefehlt – vor allem an Freiheit. Diese kam erst mit dem Mauerfall 1989, sagt er. »In den Neunzigerjahren gab es auf einmal all diese Möglichkeiten: Reisen durch Europa, sich anders kleiden, Kontakt mit anderen Kulturen, die Auseinandersetzung mit sich selbst und auch mit Sexualität und Liebe. Das war alles Teil der neuen Freiheit.« Davon wollte Marcus mehr – er wollte raus aus Weimar, alles hinter sich lassen und mehr vom Leben haben. Er trennte sich von seinem Freund und zog 1997 nach Hamburg. Dort tauchte er in die House- und Technoszene ab. Viel Party, viel Leben, viel Großstadt.

In all der Zeit begleitete ihn stets der Fußball. Er hatte den Traum von einer Profikarriere mittlerweile zwar komplett aufgegeben, sein Herz hing trotzdem noch am Ball. »Ich habe immer weitergespielt. Ich habe in Neapel gespielt, ich habe in Mailand gespielt, ich habe in Hamburg gespielt. Und dort sogar in einem schwulen Fußballteam.« In seiner Hamburger Mannschaft waren überwiegend homosexuelle Männer, aber auch ein paar Heteros. »Die fanden den Vibe toll.« Nebenbei ging

Marcus zur Therapie, arbeitete seine Vergangenheit auf und fühlte ganz tief in sich hinein: »Das war eine Zeit des Aufräumens und Aufarbeitens.«

2006, nach der Fußball-WM, stellten Journalisten plötzlich Fragen zu Homosexualität im Fußball: Wo ist die Vielfalt? Wo sind die Schwulen? »Und dann kreuzte ein Fernsehteam bei uns auf dem Bolzplatz auf. Ich habe denen meine Geschichte erzählt und wurde dadurch bekannt. Ich war in den *Tagesthemen* im Fernsehen, dann bei 3sat, in der *Zeit* wurde über mich geschrieben. Die Medientermine nahmen zu und ich wurde zur öffentlichen

> »ICH HATTE ANGST, DASS LEUTE VOR MEINEM HAUS STEHEN, IRGENDWELCHE HOOLIGANS MICH ABPASSEN, SCHLÄGE, DIFFAMIERUNGEN, RUFSCHÄDIGUNGEN, ALL DAS.«

Person.« 2008 schrieb sogar ein Journalist Marcus' Geschichte in dem Buch *Versteckspieler* auf – mit der Veröffentlichung wurde er zum ersten geouteten Ex-Profifußballer in Deutschland. Das Buch wurde 2018 unter dem Titel *Mario* verfilmt.

Vor all diesem Rummel um seine Person hatte Marcus zuerst Angst: Wie würden die Leute reagieren? Ein Fußballer spricht über seine Homosexualität – so etwas hatte es in Deutschland noch nicht gegeben. »Ich hatte Angst, dass Leute vor meinem Haus stehen, irgendwelche Hooligans mich abpassen, Schläge, Diffamierungen, Rufschädigungen, all das. Worst-Case-Szenario halt.« 2008 war Homosexualität in Deutschland noch etwas Schmuddeliges in der öffentlichen Wahrnehmung, erzählt Marcus – seine Neugier und sein Wille, etwas zu bewirken, siegten jedoch. »Letzten Endes war es einfach zu interessant, was aus der Geschichte wird. Und so habe ich entschieden, ich mache das, ich gehe mit meinem Gesicht an die Front.«

Am 15. Oktober 2008 stand *Versteckspieler: Die Geschichte des schwulen Fußballers Marcus Urban* in den Buchläden. Und die Reaktionen?

Irgendwelche Hooligans vor der Tür? »Die Leute haben auf der Straße angehalten, haben mir die Hand gegeben. ›Vielen, vielen Dank, dass Sie das machen.‹ Ich kam in einem Café von der Toilette und auf dem Rückweg kam mir ein Mann entgegen, der auch auf die Toilette wollte, und sich ebenfalls bedankte.« Dieser hatte durch das Buch herausgefunden, dass er selbst schwul ist. »So ein Doktor, der bei einer Versicherung arbeitete und zwei Kinder mit seiner Frau hatte. Er hat das Buch gesehen, den Titel *Versteckspieler* gelesen und da fielen ihm die Scheuklappen runter und er wusste: Das bin ich. Daraufhin hat er sich bei seiner Frau und seinen Kindern geoutet.« Auch junge Menschen leitete das Buch zum Coming-out an. Es wurde zum Mutmacher. Marcus schaffte es dadurch, seine Opferrolle abzulegen. Er zeigte sich, wie er ist – und wurde dank seiner Authentizität erfolgreich.

Für viele Sportler*innen ist es bis zum Coming-out ein langer Weg. Marcus vermutet, dass etwa sechs bis sieben Prozent aller Profisportler*innen homosexuell sind – so wie in der Gesellschaft auch. »Sie haben Angst vor Angriffen, so wie ich damals. Angst, ihren Job nicht mehr ausüben zu können, ihre Karriere aufgeben zu müssen, von den Fans beschimpft zu werden, Sponsoren zu verlieren. Deswegen outen sich die meisten nicht.« Marcus vermutet, dass sie ähnlich schlechte Erfahrungen gemacht haben wie er und auf dem Sportplatz »Schwuchtel«, »Lesbe«, »schwule Sau« hinterhergerufen bekommen haben. »»Was hast du für schwule Schuhe an?‹ Daran erinnere ich mich so gut. Wenn man nur an die Schulhöfe heute denkt, was da zum Teil gesagt wird. Wer hat denn Bock, sich hinzustellen und das alles über sich ergehen zu lassen? Nach der Schule geht es im Fußballverein genauso weiter.«

Marcus findet, es fehlt ganz klar an Aufklärung – in der Gesellschaft und besonders im Sport. »Homosexualität ist nach wie vor kein Thema in den Nachwuchsleistungszentren. Die scheuen sich davor, die Verantwortlichen haben Angst, gehen steif mit dem Thema um.« Ein Umdenken könnte mit einer offenen Ausbildung geschaffen werden. »Der

Umgang mit Homosexualität im Sport sollte Teil in der Ausbildung für Trainer*innen und Schiedsrichter*innen sein. Diese Leute professionell und cool zu machen, selbstbewusst, locker und humorvoll – das wäre doch was!«

»DER UMGANG MIT HOMOSEXUALITÄT IM SPORT SOLLTE TEIL IN DER AUSBILDUNG FÜR TRAINER*INNEN UND SCHIEDSRICHTER*INNEN SEIN. DIESE LEUTE PROFESSIONELL UND COOL ZU MACHEN, SELBSTBEWUSST, LOCKER UND HUMORVOLL – DAS WÄRE DOCH WAS!«

Homosexualität ist etwas, das die Spieler*innen verstecken können – andere Eigenschaften hingegen nicht. »Dunkelhäutige Spieler*innen oder asiatische Spieler*innen können sich nicht verstecken. Denen sieht man an, dass sie woanders herkommen und sie sind somit schnell Rassismus ausgesetzt.« Bei israelischen Spieler*innen sind es antisemitische Anfeindungen. »Aber bei dem Thema sexuelle Orientierung ist es ein unsichtbarer Parameter, eine unsichtbare Dimension, die man verheimlichen und verstecken kann. Das heißt, in dem Fall kann ich mich entscheiden. Und wenn ich es vermeiden kann, dann tue ich das. Und das ist eben, was alle machen im Profisport.« Marcus sieht vor allem die relevanten Kriterien des Systems als problematisch: Profit, Ehre und Pokale. »Das sind große Unternehmen, die weltweit agieren, im Fall von Bayern München oder Real Madrid. Und die Themen Menschenwürde, Menschenrechte, Solidarität, Nachhaltigkeit gehen letztlich unter, wenn es hart auf hart kommt.« Es gehe weniger um den einzelnen Menschen als um das, wofür er zu stehen habe: für Geld, für Erfolg – und für ein bestimmtes Männer- oder Frauenbild.

Marcus wünscht sich, dass der Profifußball genauso modern, divers und selbstbewusst wird wie andere Bereiche der Gesellschaft. »Es gibt immer noch die Dominanz traditioneller Männerrollenbilder. Spieler und Trainer sind der Meinung, wenn man gegen schwule Spieler spielen würde, würde man nicht so hart rangehen, die würde man nicht so ernst nehmen. Oder Paul Steiner: ›Ich kann mir nicht vorstellen, dass Schwule Fußball spielen können.‹« Das liege vor allem an den Klischees, die in der Öffentlichkeit bedient werden: »Die Paradiesvögel sind überall, weil sie auffällig sind – aber wo ist der schwule Buchhalter oder der schwule Hafenarbeiter? Die sehe ich nirgends.«

Für Marcus ist Sichtbarkeit das Wichtigste. Deswegen sitzt sein Ehemann auch mal am Spielfeldrand, wenn Marcus für Hertha BSC in Berlin spielt. Marcus zeigt Bilder von sich und seinem Mann ganz offen bei Events, macht kein Geheimnis aus seiner Sexualität. Verstecken möchte er sich nicht mehr. Dafür hat er zu viel überwunden: mentale Krankheiten, eine schlimme Kindheit, den Druck des Profisports und den Druck, den er sich selbst gemacht hat. Heute weiß er: Authentisch lebt es sich am besten und am einfachsten.

MICHAEL MICHALSKY

»Mein Langzeitziel ist, dass es vielen Menschen
so geht wie mir. Dass sie sich nicht hinstellen
und sagen müssen: ›Übrigens, ich bin schwul.‹
Heteros müssen das ja auch nicht tun.«

In einem Klinkerbau, in den Hinterhöfen diverser Büroanlagen, wo Berlin-Mitte auf Berlin-Kreuzberg trifft, regiert Michael Michalsky sein Modeimperium. In diesen Räumen entstehen die Designs für seine Tapeten, Parfums, Besteck, Brillen und Kleidung. Klare Linien zeichnen die Ateliers und Büroräume aus, die Möbel und Wohnaccessoires sind in gedeckten Tönen gehalten, in Schwarz, Weiß und Grau. Angestellte huschen durch die Räume. Eine Näherin steckt ein Kleid ab. An den Wänden hängen Auszeichnungen und Modefotografien. Kleiderstangen mit den neuesten Kollektionen stehen in den Gängen.

Chefdesigner und Selfmademan Michael Michalsky sitzt hinter seinem Schreibtisch und zündet sich eine Zigarette an. Er schaut aus dem Fenster und erinnert sich an seine Kindheit:»Ich bin mit meinem kleinen Bruder in einer bodenständigen Familie auf einem Dorf aufgewachsen. Meine Eltern wollten, dass wir im Grünen leben. Das war natürlich ein ganz anderes Leben als das, das ich heute lebe.« Das stille Landleben in der Nähe von Bad Oldesloe steht im Kontrast zum urbanen Berlin und dem lauten London, wo Michael sich den Weg in die Modeelite erarbeitet hat.

Als kleiner Junge waren ihm Couture und Runway-Shows noch gar kein Begriff. Stattdessen interessierte sich Michael für Bücher.»Ich flüchtete mich in die Literatur, um der Enge des Dorfes ein bisschen zu entkommen. Ich war schon immer sehr neugierig, auf dem Dorf war das Angebot aber sehr begrenzt. Meine Wissensquelle war der Bücherbus, der alle zwei Wochen zu einer bestimmten Uhrzeit kam. Da bin ich jedes Mal hin und habe mich durch alle Bereiche gelesen, die mich in irgendeiner Weise interessiert haben.« Bücher eröffneten ihm einen Zugang zu einer neuen Welt außerhalb seiner behüteten Blase. Sie zeigten ihm, dass es andere Lebenswelten gibt, die er erforschen wollte.

Als Teenager stieß Michael auf Fashion-Magazine, durch die er seine Liebe zum Textil entdeckte.»Ich habe regelmäßige Pilgerfahrten nach

Bad Oldesloe unternommen, wenn ich wusste, dass Modemagazine wie *Vogue*, *The Face* oder *ID* rauskamen. Bei uns im Dorf konnte man solche Publikationen gar nicht bekommen.« In den Magazinen entdeckte er Fotostrecken mit Kreationen von Vivienne Westwood, Christian Dior und Jean Paul Gaultier. Die Magazine zeigten ihm das Schöne, das Kreative und das Andersartige.

Genau das wollte er auch. »Mir hat es nicht gereicht, was mir in meiner Heimat geboten wurde. Ich wollte meinen Horizont erweitern. Ich war anderen Lebensweisen gegenüber schon immer sehr aufgeschlossen. Damals wusste ich aber noch nicht, dass ich schwul bin. Ich wusste nur, dass mich Mode und Musik interessieren.« London ist eine Stadt, die diese zwei Komponenten vereint wie keine andere. Modelabels wie Burberry, Stella McCartney, Victoria Beckham und Vivienne Westwood haben dort heute ihren Sitz. In den 1980er-Jahren, als Michael ein Teenager war, kam von dort außerdem die beste Musik: Synthiepop, New Wave und elektronische Musik; Depeche Mode, Duran Duran und Culture Club.

Michael fasste einen Entschluss. Er wollte nach London gehen und in all die Dinge eintauchen, die ihn faszinierten: Mode, Medien und Musik. Er wollte ein Leben leben, wie er es bisher nur aus Büchern kannte. Angetrieben von seiner Neugier packte er seine Taschen, ohne einen genauen Plan zu haben. »Ich bin nach dem Abitur in den Sommerferien nach London gefahren. Dort dachte ich mir: Wieso fährst du überhaupt zurück in die Heimat und fällst wieder in alte Schemata und Raster zurück? Du hast doch jetzt alles getan, was von dir erwartet wurde. Du hast dein Abitur gemacht, du bist erwachsen. Ab sofort machst du nur noch das, was du willst und was dich persönlich weiterbringt.« Fest entschlossen sagte Michael alles in seiner Heimat ab. Er ließ sogar einen festen Ausbildungsplatz zum Kürschner sausen, um in London zu bleiben. Stattdessen jobbte er als Kellner in einem angesagten Restaurant, in dem das Who is Who zu Abend aß.

»Der Deal mit meinen Eltern war, dass ich ein Jahr Pause machen und danach zurückkommen würde. Zu dem Zeitpunkt hatte ich mich in London bereits bei mehreren Modeschulen vorgestellt. Die sind dort sehr exklusiv und nehmen nur eine bestimmte Anzahl von Student*innen auf.« Exakt 14 Plätze waren am London College of Fashion zu vergeben. In der finalen Bewerbungsrunde belegte Michael den 15. Platz. Er nahm seine Niederlage mit Fassung, und sein Jahr in London war abgelaufen. »Ich bin zurück nach Deutschland geflogen und hatte mir einen Studienplatz für Architektur gesucht, was ebenfalls eine sehr große Leidenschaft von mir ist.« Das Schicksal hatte jedoch einen anderen Plan für Michael: Er bekam überraschend einen Anruf aus London. Er war auf Platz 14 vorgerückt und durfte somit am London College of Fashion studieren!

∙∙

»DIE CLUBS WAREN ZU DER ZEIT SEHR HETEROGEN. DORT SIND SEHR VIELE VERSCHIEDENE MENSCHEN ZUSAMMENGEKOMMEN. MAN ZEIGTE DURCH SEINE KLEIDUNG, WER MAN IST. MAN HAT SICH AM DIENSTAG BEREITS ÜBERLEGT, WAS MAN DONNERSTAG ANZIEHEN WILL.«

∙∙

London war damals, was die Popkultur anging, eine Hochburg – vor allem für einen jungen Modedesignstudenten wie Michael. »London war schon immer meine Traumdestination. Als ich ein Teenie war, kam alles, was ich interessant und toll fand, aus London.« Bis in die späten Morgenstunden feierte er in den Clubs und erkundete das Nachtleben. Schweißüberströmt tanzte er in Wave-Klamotten zu den Synthi-Beats. »Die Clubs waren zu der Zeit sehr heterogen. Dort sind sehr viele verschiedene Menschen zusammengekommen. Da waren Schwule und Heten, trendy Leute und nicht so trendy Leute, Alt und

Jung.« Die Clubszene gefiel ihm außerdem so gut, weil Kleidung eine große Rolle spielte.»Man zeigte durch seine Kleidung, wer man ist. Man hat sich am Dienstag bereits überlegt, was man Donnerstag im Taboo anziehen will.«

London war außerdem verdammt queer. In der britischen Hauptstadt begegnete Michael zum ersten Mal Männern, die Make-up trugen und Geschlechtergrenzen durchbrachen. Ein starker Kontrast zu allem, was er aus seiner Heimat kannte. Michael wurde neugierig. Er fand die Männer interessant, die sich so offen und frei präsentierten. »Ich bin in die schwule Szene eingetaucht. Die schwule Szene war zu dem Zeitpunkt auch die mit den besten Clubs, in denen die beste Musik gespielt wurde und wo die bestangezogenen Menschen waren.« Im schwulen Leben vereinte sich alles, was Michael bis heute wichtig ist: Kunst, Kultur und Kleidung.

In der schwulen Szene angekommen, konnte er als erwachsener Mann seine Sexualität erkunden.»Ich war damit sehr spät dran. Aber nicht, weil ich verwirrt war und weil ich dachte, ich würde eher auf Frauen stehen, sondern weil in meiner Familie von vornherein immer klar war, dass ich schwul bin.« Das Thema Sexualität war im Hause Michalsky kein großes Thema gewesen, sondern eher ein Gefühl: Michaels Eltern gaben ihm zu verstehen, dass sie ihn bedingungslos liebten, egal, wen er liebte. Einen Freund brachte er allerdings nie nach Hause mit. Auf dem Dorf gab es einfach keine Auswahl und keine Möglichkeiten, überhaupt jemanden kennenzulernen. Ein Comingout hatte er deshalb auch nie.»Ich musste mich nie in dem Sinne outen, wie das andere Kinder machen müssen.«

Als Teenager schwärmte er für den einen oder anderen Jungen, die Möglichkeiten, seine Sexualität zu entdecken, waren allerdings erst in London gegeben. Dabei unterstützte ihn auch sein Freundeskreis in der britischen Metropole, der bunt gemischt war.»In meinem Freundeskreis war immer klar, dass ich schwul bin. Egal, ob auf dem

Dorf oder in London. Ich hatte nie das Problem, dass sich Freunde gegen mich gewendet haben.« Seine Sexualität wurde als Selbstverständlichkeit behandelt, nicht als Geheimnis. Das Einzige, womit Michael hin und wieder aneckte, war sein exzentrischer Kleidungsstil: »Einer meiner Heroes in meiner Jugend war Jean Paul Gaultier. Er war der Erste, der Männer in einen Rock gesteckt hat. Da bin ich natürlich auch im Rock rumgerannt. Das war cool und trendig.« Mode als Statement der eigenen Queerness. Manche Menschen verstanden Michael nicht, wieso er sich so anzog, das war ihm aber schon immer mehr oder weniger egal. »Sobald man Dinge tut, damit andere Menschen einen mögen sollen, hat man schon verloren«, stellt er klar. Ihm war viel wichtiger, dass er sich selbst mochte.

Diese Einstellung konnte er nicht nur dank seiner Umgebung in London entwickeln, wo es absolut okay war, als Mann einen Rock zu tragen, sondern auch dank seiner Familie: Michaels Eltern stärkten ihm immer den Rücken – egal, was er trug oder wie er sich gab. »Meine Eltern haben mich so erzogen, dass es vollkommen okay und cool ist, so zu sein, wie man eben ist. Deshalb war das für mich nie ein Problem. Ich hatte nie diesen Identitätskampf mit mir selber. Es macht schon sehr viel aus, wie die Familie auf einen reagiert.« Dank dieser inneren Stärke machte er auch nie negative Erfahrungen mit Mobbing oder Beleidigungen. Besser gesagt: Er erstickte Mobbingversuche im Keim. »Wenn jemand auch nur ansatzweise versuchte, mich im Schulbus oder in der Schule zu mobben, hat er das am Ende oft bitter bereut. Ich war sehr wortgewandt und sprachlich überlegen, weil ich so viel gelesen habe. Ich war selbstbewusst genug, um mich zu wehren.« Dieses Selbstbewusstsein stammt ebenfalls von seinen Eltern. »Meinem Bruder und mir wurde immer gesagt: ›Du kannst sein, wer immer du sein willst. Was wichtig ist, ist, dass du 110 Prozent gibst.‹ Unsere Eltern haben uns immer positiv bestärkt. Somit hatte ich nie Angst vor irgendwas oder irgendwem.«

Nach seinem Studium ging Michael zurück nach Deutschland. Er hatte nie Angst vor Herausforderungen und wurde so zu dem Mann, der angestaubten Labels neues Leben einhauchte: Erst polierte er Levi's, Adidas und MCM wieder auf und machte sie cool. Beeinflusst wurde er vom Streetstyle der Londoner. Heute ist Michael der Chefdesigner des Achtzigerjahre-Labels Jetset. Vertrieben wird die Marke in Luxuseinkaufshäusern wie dem Kaufhaus des Westens in Berlin. »Ich mache nur das, wovon ich zu 100 Prozent überzeugt bin. Ich brauche einen persönlichen Berührungspunkt mit einer Marke.« Michaels Stärke ist es, sich in Marken hineinzudenken, ihre Essenz zu erfassen und sie auf den aktuellen Zeitgeist anzuwenden. »Das macht mir irre Spaß. Und ich glaube, dass ich auch ganz erfolgreich bin.«

Bis heute sind die Mode und seine Arbeit sein Safe Space. Hier darf er der schwule Mann sein, den er in London entdeckt hat. »Die Mode ist ein Sehnsuchtsort, ein Zufluchtsort, an dem es eben vollkommen okay war, schwul zu sein, und wo man international miteinander vernetzt war – das ist heute natürlich auch noch so, durch das Internet nur etwas anders.« Über das Internet lernt er neue Künstler*innen kennen, lässt sich inspirieren. »Musik ist ganz, ganz wichtig. Deshalb höre ich auch den ganzen Tag Musik. Dann natürlich Street Culture, Youth Culture, Subkulturen.« Auch die

> »ICH WAR DAMIT SEHR SPÄT DRAN. ABER NICHT WEIL ICH VERWIRRT WAR UND WEIL ICH DACHTE, ICH WÜRDE EHER AUF FRAUEN STEHEN, SONDERN WEIL IN MEINER FAMILIE VON VORNHEREIN IMMER KLAR WAR, DASS ICH SCHWUL BIN.«

Berliner Clubszene ist bis heute eine Inspirationsquelle. Das Berghain, das KaterBlau, das Tresor. »Museen, Kunst, ich lese viel. Viel kann man sich natürlich aus dem Internet holen. Und ich beobachte schon ziemlich genau, was Leute anhaben.« Michael hat schon als Kind seine Essenz gefunden und ist bis heute immer noch derselbe neugierige Student, der damals London erforschte.

An diesem Tag in seinem Büro trägt er ein schwarzes T-Shirt, eine schwarze Stoffhose und Sneaker. Um den Hals hängt ein schwarz-weißes Bandana. Auf dem Sofa in seinem Büro liegt eine Shopper-Bag vom französischen Taschenhersteller Goyard mit den Initialen MM versehen. Wie wichtig ist ihm, als Junge vom Land, Luxus? »Die meisten Leute definieren Luxus nur über Geld. Das halte ich für einen Fehler. Für mich ist Luxus, keine Termine zu haben. Für mich ist Luxus, intensiv Zeit mit meinen Freunden zu verbringen. Für mich ist es aber genauso Luxus, ein richtig tolles Bio-Brot mit einer tollen Butter, frischem Schnittlauch und irgendeinem Kristallsalz zu essen.« Da ist er wieder, der Landjunge – nur mit den Ansprüchen eines Modedesigners im Luxussegment. Freizeit und simple Dinge begehrt er, da sie so rar in seinem Leben sind. Und genauso definiert Michael Luxus: »Es geht immer um das Begehren – wir alle begehren etwas.«

· ·

»MEINEM BRUDER UND MIR WURDE IMMER GESAGT: ›DU KANNST SEIN, WER IMMER DU SEIN WILLST. WAS WICHTIG IST, IST, DASS DU 110 PROZENT GIBST.‹ UNSERE ELTERN HABEN UNS IMMER POSITIV BESTÄRKT. SOMIT HATTE ICH NIE ANGST VOR IRGENDWAS ODER IRGENDWEM.«

· ·

Die Mode, seine Eltern, London, Berlin, seine Clubfreunde – all das hat ihm ermöglicht, der Mann zu werden, den er heute in der Öffentlichkeit zeigt: Ein Fernsehstar, ein Designer, ein Mann, der Männer liebt und noch so viel mehr. »Ich lebe heute so, wie es für mich normal ist – und ich finde, das sollte für alle so sein.« Seine Plattform als öffentliche Person möchte er nutzen, um Denkanstöße zu geben. »Es gibt immer wieder mal Dinge, die mich stören. Die spreche ich an oder drücke sie in meinen Shows aus: Als wir vor Jahren auf Haute Couture umgestellt haben, wollte ich das Gegenteil von Fast Fashion machen. Das Motto: Die Mode ist tot, lang lebe die Mode.« Er zeigte Teile, die die Kund*innen möglichst lange tragen können.»Ich finde, dass es nicht zeitgemäß ist, dass Leute Sachen kaufen, nur weil sie billig sind, obwohl sie wissen, dass sie sie nicht anziehen werden.« Zwei Jahre zuvor veranstaltete er eine Show, um die 68er-Bewegung zu feiern.»Ich habe ›Atomkraft? Nein, danke!‹-T-Shirts designt. Als Kontrast zum Luxus. Ich spreche mich in meiner Mode immer klar gegen Abgrenzung aus und bin für Offenheit und Toleranz.«

Für ihn als schwulen Mann sind Offenheit und Toleranz besonders wichtige Themen.»Wenn man sich Berlin anschaut, eine sehr moderne, sehr große Stadt, denke ich mir, dass wir Homophobie eigentlich hinter uns haben müssten. Gerade Berlin ist stark von queeren Menschen geprägt, von der queeren Szene. Und die Stadt ist auch ein Sehnsuchtsort für viele Menschen.« Dass es immer noch Hass gibt, findet Michael furchtbar und unverständlich.»Ich finde es aber gut, dass homofeindliche Angriffe ernst genommen werden. Jeder Fall wird direkt dem Staatsschutz gemeldet. Daran kann man erkennen, dass Homo- und Transfeindlichkeit Themen sind, um die sich gekümmert wird.« Allerdings muss man homo- und transfeindliche Angriffe von vornherein verhindern, deswegen ist ihm Bildung so wichtig.»Ich glaube, dass viele Sachen heutzutage passieren, weil Menschen nicht gebildet genug sind. Homophobie und Ausländerhass zum Beispiel. So entstehen Vorurteile, weil sie sich nicht mit der Thematik und den Menschen auseinandersetzen.«

Natürlich gibt es auch Probleme auf der gesellschaftlichen und politischen Ebene.»Ich finde, dass es eine hundertprozentige Gleichstellung von gleichgeschlechtlichen Paaren geben muss. Wir sind schon auf einem sehr guten Weg. Ich hätte mir als Jugendlicher nicht vorstellen können, dass zwei Männer oder zwei Frauen mal heiraten können.« Handlungsbedarf sieht er vor allem im Punkt Adoption: Lesbische Paare müssen immer noch den Weg über die Stiefkindadoption gehen, wenn eine der Mütter ein Kind bekommt und die andere ebenfalls als rechtliche Mutter anerkannt werden möchte.»Wir leben im 21. Jahrhundert und es wird Zeit, sich um diese Themen zu kümmern. In anderen Ländern bekommt man es ja auch hin!« In Ländern wie Schweden, Belgien, Frankreich, Dänemark, Großbritannien und den Niederlanden dürfen homosexuelle Paare uneingeschränkt adoptieren. Allerdings gibt es auch Länder, in denen homosexuelle Handlungen mit dem Tod bestraft wird: im Jemen, Libyen und Teilen Indonesiens zum Beispiel. In insgesamt 15 Ländern steht die Todesstrafe auf Homosexualität. Global gesehen sind wir noch lange nicht so weit, von einer Gleichstellung von queeren Menschen zu sprechen.

Michaels eigentliches Ziel ist hingegen, dass es irgendwann keine Coming-outs mehr geben muss, dass es bei jeder Person so ablaufen wird wie bei ihm.»Mein Langzeitziel ist, dass es vielen Menschen so geht wie mir. Dass sie sich nicht hinstellen und sagen müssen: ›Übrigens, ich bin schwul.‹ Heteros müssen das ja auch nicht tun. Für mich ist dann alles erreicht und alles normal, wenn es sowas nicht mehr gibt.« Aus diesem Grund war es ihm allerdings ein besonderes Anliegen, sich öffentlich als schwuler Mann zu zeigen. Er ist ein Vorbild.»Mir wäre es nie in den Sinn gekommen, mich nicht öffentlich als schwul zu präsentieren. Ich war von Anfang an immer der, der ich bin und habe mich auch nie verstellt.«

»ICH LEBE HEUTE SO, WIE ES FÜR MICH NORMAL IST – UND ICH FINDE, DAS SOLLTE FÜR ALLE SO SEIN.«

Seine Geschichte ist eine absolute Ausnahme. Für viele ist das Coming-out eine Herausforderung, die mit viel Angst, Überwindung und Mut einhergeht.»Natürlich kenne ich auch Storys von Leuten, die eine ganz schlimme Kindheit hatten, die gemobbt worden sind, die überhaupt keine Unterstützung im Elternhaus erlebt haben, die körperliche und psychische Gewalt erfahren haben. Ich hoffe aber, dass es inzwischen mehr Eltern gibt, die toleranter und liberaler sind und für die es normal ist, dass ihr Kind nicht heterosexuell ist.« Michael fordert keine Toleranz, er fordert Akzeptanz. Das sei das Minimum, das man einem anderen Menschen entgegenbringen solle.

Heute ist Michael Michalsky einer der wichtigsten und erfolgreichsten Modedesigner, wird in einem Atemzug mit Karl Lagerfeld, Jil Sander und Wolfgang Joop genannt. »Mode gibt einem ein gutes Gefühl und ist genau aus diesem Grund relevant, auch wenn viele Leute das gerade in Deutschland abtun, als wäre Mode etwas Frivoles.« Wenn es um Inspiration und den Lebensstil geht, schaut Michael sowieso viel lieber zu den Nachbarn: »Frankreich, Italien, England. Mode und Genuss gehören dort zum Kulturgut. Die sind richtig stolz auf ihre Modebranche. Mode ist irre wichtig, weil sie hilft, sich so auszudrücken und darzustellen, wie man das gerne möchte. Und deshalb bin ich auch froh, dass ich das schon als kleiner Junge interessant und inspirierend fand.«

Mode erlaubte Michael, der zu sein, der er im tiefsten Herzen schon immer war: Ein neugieriger Junge, der die Welt erkunden will, ohne sich den Mund verbieten zu lassen, der nebenbei schwul ist und Mode liebt. »Damals konnte ich mir noch gar nicht vorstellen, dass man davon leben kann. Deshalb ist es für mich auch nicht nur ein Job, sondern viel mehr als das. Ich lebe meinen Traum, rund um die Uhr. Dafür bin ich sehr, sehr dankbar«, sagt er und steht auf. Michael zieht sein schwarz-weißes Bandana über die Nase. Tschüß, tschüß, bye, bye und der Maestro sitzt wieder an seinem Schreibtisch, in seinem Safe Space, und kreiert die nächste Kollektion.

....

AXEL RANISCH

....

»Meiner Familie gegenüber nicht ehrlich zu sein,
weil ich Angst hatte, sie zu verletzen oder zu
enttäuschen, das hat mich sehr lange belastet.«

Axel Ranisch steht nackt auf der Bühne. Hundert andere Teenager schauen ihn an. Im Publikum sitzen auch Erwachsene. Sie starren auf seinen übergewichtigen Körper. Dann: Applaus. Das ist einer der wichtigsten Momente in Axels Leben.

Seine Ferien verbrachte der 16-Jährige im Wannseeforum, einer Kulturbildungsstätte für Jugendliche. »Eines Tages war da ein total durchgeknallter Theaterregisseur, der dort ein Theaterstück mit uns inszenierte. Ich war glücklicherweise nicht der einzige Übergewichtige in unserer Theatergruppe. Da war noch ein Mädchen, das dicker als ich war. Das hat mir Mut gemacht.« Der Regisseur inszenierte ein Stück, bei dem am Ende alle Schauspieler*innen nackt auf der Bühne stehen sollten. Auch Axel. »Musikalisch wurde das von der Ode an die Freude, Beethovens Neunter, begleitet. Ich hatte so einen Schiss davor, nackt auf der Bühne zu stehen. Dann kam aber dieser unglaubliche Applaus und der Respekt von all den Menschen, die im Publikum saßen und unseren Mut bewunderten.« In diesem Moment lernte Axel: Der Weg zu Glück und Freiheit führt immer durch die Angst.

Angst vor seinem Nacktauftritt hatte Axel vor allem, weil er wegen seines Übergewichts so unsicher war. »Ich fand mich immer wahnsinnig hässlich und wusste nicht, was ich dagegen tun kann. Ich habe früh angefangen, mir einen Panzer anzufressen. Es hat sehr lange gebraucht, bis ich realisiert habe, dass ich homosexuell bin.« Seine Gewichtsprobleme überdeckten das schlichtweg. Ein weiteres grundlegendes Problem in der Schulzeit war seine Sensibilität. »Das stand in jedem meiner Grundschulzeugnisse – von der ersten bis zur vierten Klasse: Axel ist zu sensibel.« Er war als Kind sehr emotional, weinte viel. »Außerdem hatte ich Schwierigkeiten, Freundschaften zu knüpfen. Ich war nie der Draußenspieler.« Er isolierte sich, mied andere Kinder und versteckte sich lieber in seinem Körper.

Heute ist Axel sehr viel mehr als der Dicke, der damals nackt auf der Bühne stand: Er ist Regisseur, Autor, Podcaster und Schauspieler.

Er selbst fasst das ganz einfach zusammen: »Ich erzähle Geschichten – egal, in welchem Format.« Und so beginnt er auch gleich, seine eigene Geschichte zu erzählen, wie er sich als schwuler Mann gefunden hat, welche Rolle Rosa von Praunheim dabei spielte und wie er sein erstes Mal hatte.

»In der fünften, sechsten Klasse habe ich mit Mitschülern eine Erotik-VHS-Kassette angeschaut. Da ist mir bereits aufgefallen – natürlich rückwirkend viel klarer –, dass mich die Geschichte erst interessiert hat, wenn der Mann dazukam.« Bewusst war ihm das damals noch nicht. »Mit 15 fing ich an, für andere Jungs zu schwärmen. Vor allem im Wannseeforum, wo ich Theater spielte..« Dort gab es einen Jungen, den Axel unglaublich toll fand. »Er war ungefähr in meinem Alter, hatte sehr wuschelige Haare. Ich stehe total auf wuschelige Haare. Die waren ein bisschen verdreadlockt und er kiffte wahnsinnig viel, spielte aber auch Klavier, meistens Bach.« Diese Kombination aus etwas abgefucktem Typen und Intellektuellem, der Klavier spielte und für Axel wahnsinnig toll aussah, zog ihn magisch an. »Da habe ich mir schon gedacht, da ist doch irgendwas anders bei mir. Gleichzeitig kannte ich niemanden, der schwul war.« Deswegen sollte es noch Jahre dauern, bis er auf die richtige Spur kam.

Axel begab sich auf Irrwege. Als Teenager hatte er eine enge Freundin, die er sehr geliebt hat. »Als ich zum 16. oder 17. Geburtstag neben ihr aufgewacht bin und wir so aneinander gekuschelt dalagen, habe ich mir natürlich auch vorgestellt, Sex mit ihr zu haben.« Für Axel hätte es sich aber falsch angefühlt – obwohl er zu diesem Zeitpunkt glaubte, bisexuell zu sein.

Bis dato hatte er nur ein einziges Mal schwule Männer gesehen: im Fernsehen in der *Lindenstraße.* »Es gab diesen berühmten ersten schwulen Kuss mit dem Uecker und seinem Partner. Mein Vater fand das fürchterlich und sagte: ›Hast du nichts anderes? Ich gehe mal tanken.‹ Und dann verschwand er.« In diesem Moment merkte Axel: Zwei küssende Männer, das kommt nicht gut an. »Meine Mutter saß neben mir und nahm das zum Anlass, mir zu erklären, dass es das auch gibt – zwei Männer, die sich lieben. Danach haben wir aber nie wieder darüber gesprochen.«

Nicht nur Axels Vater, auch sein Großvater hatte Vorurteile gegenüber Homosexualität. »Er hat die Tatsache, dass es Aids gibt, immer sehr unverhohlen den Schwulen in die Schuhe geschoben. Und da merkte ich auch, okay, das ist ein schwieriges Thema für meinen Opa.« Sein Opa starb, als Axel 17 war. »Ihm gegenüber habe ich mich nie outen können. Leider, weil mein Opa mich sehr geliebt hat und sich dem Thema dann sicher auch geöffnet hätte.«

Erst zwei Jahre nach dem *Lindenstraße*-Erlebnis lernte Axel im realen Leben einen schwulen Jungen kennen. »Das war während des Abiturs. Ich habe im Wannseeforum diesen offen schwulen Mitschüler kennengelernt, der aus meiner Nachbarschaft kam. Ich dachte bis dahin, in Berlin-Lichtenberg, wo ich aufgewachsen bin, gibt es überhaupt gar keine Schwulen.« Der Junge gab Axel den Mut, sich unter Freunden selbst als schwul zu outen. »Bei meinen Freunden im Wannseeforum war das kein Thema. Das war eine andere Welt. Und spätestens als ich den Mitschüler kennenlernte, der sogar ein Jahr jünger war als ich, war das kein Problem.«

Um andere Schwule kennenzulernen, musste Axel ausgehen, sich aus seinem Versteck trauen. »Ich war dann mit zwei, drei Leuten aus dem Wannseeforum, als ich 18, 19 war in einer Diskothek, in der Busche. Das war noch eine Zeit ohne Internet. Online-Dating gab es nicht.« Wohlgefühlt hat er sich in der *Busche* aber nicht – zu viele Menschen, zu viele Eindrücke. Axel konzentrierte sich lieber aufs Schauspielern und Filmemachen.

2003 schaffte er die Aufnahmeprüfung an der Filmhochschule. Die erste Aufgabe des Dozenten und Filmemachers Rosa von Praunheim lautete, ein Selbstporträt über sich zu drehen. »Wie der Film auszusehen hatte, welche Läge er haben sollte, das war komplett frei. Es war eine furchtbar schwierige Aufgabe. Ich habe dann ganz viele Interviews mit Familienmitgliedern und Freunden geführt und habe ihnen Fragen über mich gestellt, wie sie mich sehen.« Das Ergebnis: »Das, was dabei rauskam, war natürlich die Körperlichkeit und auch all meine Schwierigkeiten damit und dann auf der anderen Seite meine Beweglichkeit, die Freude am Tanzen. Ich bin wie ein Flummi, der durch die Gegend springt, mein Humor, die Selbstironie und dass ich, wenn ich nervös bin, Taschentücher fresse, und meine Liebe zur klassischen Musik.«

· ·
»ICH FAND MICH IMMER WAHNSINNIG HÄSSLICH UND WUSSTE NICHT, WAS ICH DAGEGEN TUN KANN. ICH HABE FRÜH ANGEFANGEN, MIR EINEN PANZER ANZUFRESSEN. ES HAT SEHR LANGE GEBRAUCHT, BIS ICH REALISIERT HABE, DASS ICH HOMOSEXUELL BIN.«
· ·

In der Folge entstand in Axels Kopf folgende Idee: Er würde zu Ravels »Boléro« einen Striptease vor der Kamera hinlegen, wie damals als Jugendlicher im Wannseeforum. »Indem ich nackt mit einem Taschentuch tanze und die Kamera zieht mich Stück für Stück aus, damit könnte ich eigentlich allem gerecht werden, was mich ausmacht.« Der Film wurde letzten Endes so gut, dass er mehrfach vor Publikum aufgeführt wurde. Die Reaktionen: gemischt. Zwischen Lachen und Bewunderung war alles dabei – vor allem hatten diese aber eine Wirkung: Sie machten Axel stärker, er freundete sich mit seinem Körper an.

Während des Studiums wurde Rosa von Praunheim zu seinem Mentor. Rosa, der Hape Kerkeling und Alfred Biolek öffentlich geoutet, Filme wie *Neurosia* und *Nicht der Homosexuelle ist pervers, sondern die Situation, in der er lebt* umgesetzt und Bücher wie *Sex und Karrie-*

re und *Armee der Liebenden oder Aufstand der Perversen* geschrieben hat. Rosa gab auch den nötigen Anstoß für Axel, um sich zu outen. Im Alter von 23 Jahren. »Rosa wusste von meinen Sehnsüchten und Leidenschaften. Er kam irgendwann auf mich zu und sagte: ›Axel, ich möchte nächstes Wochenende einen Elternbesuch machen, einen Hausbesuch. Frag doch mal deine Eltern, ob ich zum Kaffeetrinken vorbeikommen kann.‹« Axel fragte seine Eltern, die direkt zusagten. »Eine halbe Stunde später rief er wieder an und fragte: ›Kann ich auch einen Kameramann mitbringen?‹«. Axel war sofort klar: Das würde ein Coming-out vor laufender Kamera werden. »Erst habe ich gedacht, ich muss das absagen. Ich muss da irgendwie rauskommen. Aber dann dachte ich: Eigentlich kannst du dich geehrt fühlen. Ich meine, vor laufender Kamera mit Rosa im Schlepptau ... Kerkeling, Biolek und dann outet er mich. Das ist doch eigentlich eine Ehre.«

An dem Tag holte Axel seinen Mentor und dessen Kameramann – »Der war sehr attraktiv!« – vom Bahnhof in Berlin-Lichtenberg ab. Rosa kam, Axels Vater flüchtete. »Im Nachhinein würde ich sagen, er hat auch mit dem Coming-out vor der Kamera gerechnet. Er war nur am Anfang kurz da und kam dann später erst wieder.« Axels Oma und seine Mutter empfingen den Gast. »Ich sah aus wie ein schwitzendes, ängstliches, dickes Schweinchen. Glänzende, rote Wangen ... und Rosa saß da – und hat mich nicht geoutet. Er hat mich die ganze Zeit nur gelobt, hat meine Eltern gelobt, hat ihnen gesagt, was für ein toller Student und was für ein toller Filmemacher ich sei und was er in mir sehen würde und so weiter.« Axels Eltern wurden immer größer vor Stolz. Und dann ging Rosa.

»Nach diesem Tag habe ich es nicht mehr lange ausgehalten, mein Schwulsein noch weiter für mich zu behalten. Meine Kurzfilme wurden ohnehin immer schwuler und expliziter.« Filme, die auch seine Eltern sahen. »Ich habe jahrelang versucht, Fährten zu legen. Ich habe auch ein schwules Magazin in meinem Zimmer ausgelegt, in der

Hoffnung, dass sie irgendwann kommen und ein Gespräch mit mir anfangen würden. Ich wollte nie den ersten Schritt gehen.« Doch stattdessen kam das Coming-out mit einem gebrochenen Herzen. »Ich war mal wieder unendlich verliebt in so einen Wuschelkopf. Der war noch fünfmal toller als der erste Wuschelkopf, aber auch heterosexuell.« Das war ein wenig Axels Muster: Er verknallte sich grundsätzlich in heterosexuelle Jungs – also Jungs, die unerreichbar waren. Axel musste sich auf keine Beziehung einlassen, konnte sich in Sicherheit wiegen und sein Coming-out weiter rausschieben. »Er war auch Filmemacher und bewunderte mich und meine Filme. Und er war sehr anhänglich und schrieb mir sehr lange SMS.« Natürlich erfuhr auch Rosa von Praunheim von Axels Schwärmerei. »Egon, so hieß der Junge, besuchte mich einmal. Da meinte Rosa: ›Bring ihn doch mal mit.‹« Gesagt, getan. »Und in einer Pause nahm er sich wirklich Zeit und kam zu uns. Wir saßen in der Cafeteria der Hochschule zu dritt am Tisch.« Egon wusste nicht, dass Axel in ihn verliebt war. Rosa klärte auf.

Rosa: »Ah, ja, und du bist also Egon, ja? Du bist der Typ, in den Axel so wahnsinnig verschossen ist? Sag mal, wie ist es denn bei dir mit Analverkehr?«

Stille.

Egon: »Was? Wie?«

Rosa: »Analverkehr, wie stehst du dazu?«

Egon: »Na ja, ich weiß nicht. Also mit einer Frau könnte ich mir das sicherlich vorstellen.«

Rosa: »Hm, aha, und könntest du dir das nicht mit Axel vorstellen?«

Axel war die Situation sehr unangenehm. »Das Gespräch war gar nicht so lang. Rosa mampfte dabei irgendwas. Er hat in diesen paar Minuten alles zertrümmert, was ich mir an Fantasien mit Egon aufgebaut hatte.«

Axel blieb nichts anderes übrig, als anschließend das Gespräch mit Egon zu suchen. »Ich habe ihm gesagt, dass es stimmt, was Rosa gesagt hat, und dass ich unwahrscheinlich in ihn verliebt bin. Und dann hat er mir einen sehr schönen Korb gegeben und gesagt, dass er halt leider nicht schwul ist, aber wie sehr er mich liebhat und so weiter und so fort.« Egon lebte in Hamburg und reiste noch in derselben Nacht ab. »Und dann habe ich die ganze Nacht geheult. Auch vor meiner Schwester – das war mein Coming-out ihr gegenüber.« Am nächsten Morgen weinte Axel immer noch. Seine Mutter bekam das natürlich mit und suchte das Gespräch. »Und Egon ist abgereist?«, fragte sie. Ich sagte: »Hm.« – »Und jetzt bist du ganz schön traurig, oder?« Das war ihr Pass. Ich musste das Tor nur noch verwandeln. Ich habe dann all meinen Mut zusammengenommen und ihr gesagt, wie sehr ich ihn liebe und dass ich total unglücklich bin und dass ich schwul bin. Und dann haben wir alle geweint.« Auch Axels Vater war dabei. Er flüchtete dieses Mal nicht. »Meine Mutter knuffte ihn in die Seite und sagte: ›Jetzt nimm deinen Sohn doch mal in den Arm.‹ Dann hat er mich in den Arm genommen und gesagt, dass er mich liebt, wie ich bin, bisschen grummelig, aber wir haben dann alle weiter rumgeheult.«

· ·

»ICH HABE JAHRELANG VERSUCHT, FÄHRTEN ZU LEGEN. ICH HABE AUCH EIN SCHWULES MAGAZIN IN MEINEM ZIMMER AUSGELEGT, IN DER HOFFNUNG, DASS SIE IRGENDWANN KOMMEN UND EIN GESPRÄCH MIT MIR ANFANGEN WÜRDEN. ICH WOLLTE NIE DEN ERSTEN SCHRITT GEHEN.«

· ·

Ein paar Tage später saß Axel mit seiner Oma im Auto. Sie ist heute in jedem seiner Filme zu sehen, ist auch mit fast 100 Jahren als Schauspielerin aktiv. »Meine Oma sagte: ›Also Axel, das neue Thema, ich wollte dir nur sagen, mir ist das ganz egal. Ich hab dich lieb, wie du bist.‹ Das war ganz toll.« So wäre es auch mit seinem Opa verlaufen, wenn er noch gelebt hätte, ist sich Axel sicher.

Axels Coming-out war 2006 und er 23 Jahre alt. »Meiner Familie gegenüber nicht ehrlich zu sein, weil ich Angst hatte, sie zu verletzen oder zu enttäuschen, das hat mich sehr lange belastet.« Nach dem Coming-out war er erleichtert, fühlte sich freier. »Die Sexualität macht gerade in der Pubertät einen so unglaublich großen Teil des Bewusstseins, des Selbst aus. Und wenn man versucht, das die ganze Zeit zu verstecken und zu ignorieren, wenn man mit seinen Eltern zum Beispiel gerade *Lindenstraße* schaut und nicht darauf reagieren kann, weil man es sich verkneift, oder wenn man ständig gefragt wird von den Freunden der Eltern: ›Wie sieht es denn aus mit einer Freundin?‹ und man ständig Ausflüchte suchen muss, um nicht zu antworten – man kann sich gar nicht vorstellen, was für einen Druck das macht.«

Selbst Rosa von Praunheim, der eigentlich nie von einer Aktion zurücktritt, entschuldigte sich bei Axel für seine forsche Herangehensweise – zumindest für den Fauxpas in der Situation mit Egon. »Ein paar Wochen später sind wir zusammen im Fahrstuhl gefahren. Und dann hat er sich tatsächlich dafür entschuldigt: ›Ich war da neulich ein bisschen forsch, was? Tut mir leid.‹« Diese Situation rührt Axel bis heute. Er ist seinem Mentor sehr dankbar. »Vor meinen Eltern hat er mich total gut dastehen lassen und in dieser hoffnungslosen Situation mit Egon hat er mich in die richtige Richtung gestupst.« Das kann Axel heute mit Leichtigkeit sagen, immerhin hat er inzwischen die Liebe seines Lebens gefunden. Dazu kam es wiederum durch Rosa von Praunheim und ein bisschen Magie.

Nachdem er unter Tränen seiner Familie erzählt hatte, dass er schwul sei und ein gebrochenes Herz wegen Egon habe, bekam er einen Rat von Rosa: Axel sehnte sich so sehr nach Liebe, dass Rosa ihm riet, ein Notizbuch mit Gedichten, Liedern und Rezepten zu füllen, die die Liebe darstellten, die er sich wünschte. »Ich sollte mir den Mann vorstellen, der mich so liebt, wie ich bin. Mit diesem Buch wollten wir diese bedingungslose Liebe manifestieren.« Rosa wollte Axel helfen, endlich eine erfüllte Beziehung zu finden. »Dann gab er mir eben dieses leere Buch, das ich füllen sollte und er sagte: Wenn das voll ist, steht die Liebe vor der Tür.«

Und genauso kam es: Während Axel sein Liebes-Notizbuch füllte, klopfte die Liebe an die Tür der Physiotherapie-Praxis seiner Mutter. Es war Paul, ein Klassenkamerad aus der Grundschule, in den Axel schon damals verknallt war.

Er hinterlegte seine Nummer bei Axels Mutter in der Physiotherapie-Praxis, Axel meldete sich Wochen später. Damals war er schon 25. »Ich habe ihm eine SMS geschrieben: ›Guten Abend Herr Zacher, ich habe zur großen Freude Ihre Nummer erhalten. Es grüßt Sie herzlichst: der Ranisch, Axel.‹ Und dann antwortete er ganz fantastisch zurück, sehr gekonnt und hat dieses Spiel mit der förmlichen Anrede gleich aufgegriffen.« So begann ihr Kennenlernen per Kurznachricht: Axel und Paul texteten sich wochenlang hin und her. Knapp 500 SMS schrieben sie sich. Und Axel schrieb jede davon in sein Liebes-Notizbuch. »Mein Handy konnte nur zehn Nachrichten abspeichern. Ich musste sie dann aufschreiben, damit sie nicht verloren gehen. Am Ende war das Buch voll. Und dann haben wir uns verabredet. Ich verliebte mich immer mehr in ihn und die Art, wie er schrieb. Dabei wusste ich ja gar nicht, ob er schwul ist oder nicht.« Kurze Zeit später bereute Axel die Einladung. Paul arbeitete als Koch. Das erzeugte Druck. »Dann kam er zu mir nach Hause und ich habe total auf die Kacke gehauen. Ich habe eine Kokosmilchsuppe mit Garnelen gemacht, irgend so ein fancy Zeug, um ihn zu beeindrucken. Als er reinkam, habe ich direkt gemerkt, wie toll er ist. Er sah sogar so ähnlich aus, wie ich ihn in Erinnerung hatte.« Für Axel

> »MEINE OMA SAGTE: ›ALSO AXEL, DAS NEUE THEMA, ICH WOLLTE DIR NUR SAGEN, MIR IST DAS GANZ EGAL. ICH HAB DICH LIEB, WIE DU BIST.‹ DAS WAR GANZ TOLL.«

war klar: Diesen Mann wollte er erobern. »Es hat ein halbes Jahr gedauert. Er hielt sich lange für nicht beziehungsfähig. Irgendwann hat
er sich aber breitschlagen lassen. Und das ist jetzt locker elfeinhalb
Jahre her.« Übrigens wurde Axel an seinem 26. Geburtstag von Paul
entjungfert – aber das ist eine andere Geschichte. »Meinen ersten
Zungenkuss hatte ich mit einem ganz bezaubernden Mädchen, das
heute ein Mann ist«, verrät er ein weiteres Detail aus seinem Liebesleben.

Axel war nie der Typ, der lustig durch die Gegend vögeln konnte, der Bars und Sexclubs besuchte oder endlose Grindr-Dates hatte.
Stattdessen versteckte er sich immer ein wenig hinter seinem Schutz-
panzer, seinem Körper, der Arbeit. Wenn er aber mal nackt auf der
Bühne stehen musste, sich etwas trauen musste, dann wurde es ein
Erfolg: Egal, ob seine Filme, seine Theaterstücke oder seine Beziehung
mit Paul.

FABI WNDRLND

»Ich kann einen Jungen so lieben, wie ein heterosexueller Junge ein Mädchen lieben kann. Das war total befreiend, weil ich gemerkt habe: So anders bin ich gar nicht.«

»I love myself more than the opinion of others« steht auf Fabi Wndrlnds T-Shirt. Seine Haare trägt er blondiert und ins Gesicht frisiert. Tattoos zieren seine Arme und seinen Hals. Er ist gerade in Bremen, im Haus seiner besten Freundin Jolina Mennen. Was Fabi und Jolina gemeinsam haben: Sie wurden über YouTube bekannt. Und sie sind beide queer.

2015 startete Fabi Wndrlnd seinen gleichnamigen YouTube-Kanal und lud von da an regelmäßig Videos hoch. Seine Themen sind breit gefächert. Er spricht über Beziehungen, Reisen, Popkultur und Sexualität. Außerdem hat er sich auf YouTube eine Community aufgebaut. Damit findet er Zugehörigkeit.

Fabi ist in einem 3000-Seelen-Dorf in der Nähe vom niedersächsischen Stade aufgewachsen. Als Kind fand er es dort okay. Es war ruhig und behütet. »Erst als Jugendlicher habe ich mich eingeschränkt gefühlt. Es gibt dort einfach nicht viele Möglichkeiten. Es ist weder besonders vielfältig noch inspirierend.« Vor allem fehlte es ihm in seiner Kindheit und Jugend an Identifikationspersonen. Menschen, die ähnlich tickten wie er. Menschen, mit denen er über das, was ihn bewegte, sprechen konnte – wie den Versandhauskatalog zum Beispiel. »Im Quelle-Katalog bei uns zu Hause habe ich mir schon als Kind die Männer angeschaut, ganz klar! Ich wurde damals aber nicht horny, dafür war ich noch etwas zu jung. Außerdem wusste ich gar nicht, dass es Schwule überhaupt gibt.« Auf dem Dorf gab es keine queeren Menschen, keine alternativen Lebensrealitäten. Nur heterosexuelle Menschen und Normen.

Erst im Alter von elf Jahren entdeckte er eine neue Welt: die Welt der Popkultur. Er besuchte mit seinem Vater ein Tokio-Hotel-Konzert in Bremen. »Bei diesem Konzert habe ich das erste Mal gesehen, dass es mehr gibt als das, was ich kenne.« Tokio-Hotel-Frontmann Bill Kaulitz wurde in der Folge zu seinem Vorbild. »Nicht in sexueller Hinsicht. Aber Bill war einfach schon immer sehr besonders:

seine ausgefallenen Outfits, seine verrückten Haare, seine Attitüde. Das fand ich schon immer sehr geil.« Fabi war von Bill inspiriert, ging mit seiner Schwester in den Drogeriemarkt, um schwarzen Nagellack zu kaufen. »Das war damals echt ein krasser Schritt. Ich habe auch Nieten getragen, genau wie Bill. Meine Mama und meine Schwester fanden das cool.« Fabi durfte sich ausprobieren, für seine Familie war das nie ein Thema. Ihm waren hier keine Grenzen gesetzt.

In die Schule wollte er so aber nicht gehen. Die Nieten blieben also morgens im Schrank, der Nagellack wurde vorher abgemacht. Fabi versuchte, nicht aufzufallen. Trotzdem wurde er gemobbt. »In der fünften, sechsten Klasse fing es an, dass mir ›Schwuchtel‹ hinterhergerufen wurde. Auch weil ich Tokio-Hotel-Fan war und Bill toll fand. Ich hatte keine Ahnung, was ›Schwuchtel‹ überhaupt bedeutet. Homosexualität? Noch nie gehört!« In den Gängen seiner Schule wurde er angerempelt und geschubst.

Durch die täglichen Beleidigungen und das Mobbing lernte er, dass Homosexualität etwas Schlechtes sein musste. Er war mit der Situation überfordert. Das schränkte ihn in seiner Entwicklung ein. »Als ich mich mehr ausprobieren wollte, mit Make-up und Klamotten, war ich stark gehemmt. Ich hatte Angst vor Beleidigungen. Das war immer wie ein kleiner Stich, wenn ich einen abwertenden Blick zugeworfen bekam. Ich habe gemerkt, dass ich anders war. Aber ich konnte das einfach nicht einordnen.«

Um sich etwas verstandener zu fühlen, baute er sich einen möglichst stabilen Freundeskreis auf und umgab sich mit Menschen, die ihm Rückhalt boten. Zwar waren seine Freund*innen nicht queer, aber sie akzeptierten Fabi, wie er war. »Ich war damals auf einem Gymnasium und habe mir gedacht: Die Leute, die mich hier anfeinden, sind nicht die empathischsten Personen. Die meisten sind nach einiger Zeit sowieso von der Schule gegangen. Damit hat sich das Problem von allein erledigt.« Und tatsächlich kam es so: Die, die Fabi am stärksten mobbten, verließen nach und nach die Schule.

Die Angreifer*innen gingen, doch seine Probleme blieben. »Vor meinem Coming-out hatte ich eine Freundin. Wir haben uns einmal geküsst und uns gesagt, dass wir uns lieben. Wir hatten aber keinen Sex. Ich mochte sie sehr gern, aber ich war nur mit ihr zusammen, weil ich das Gefühl hatte, ich müsste mit einem Mädchen zusammensein.« Kurz später probierte er sich sexuell aus. Aber nicht mit seiner Freundin, sondern mit einem Freund. »Er war straight, wir haben manchmal nachmittags rumgemacht. Ich dachte: Er ist hetero, ich bin dann auch hetero. Wir probieren einfach nur aus. Ich dachte, das machen alle Jungs.« Damit kam er seiner Homosexualität zumindest schon einmal näher.

. . . .

»IN DER FÜNFTEN, SECHSTEN KLASSE FING ES AN, DASS MIR ›SCHWUCHTEL‹ HINTERHERGERUFEN WURDE. AUCH WEIL ICH TOKIO-HOTEL-FAN WAR UND BILL TOLL FAND. ICH HATTE KEINE AHNUNG, WAS ›SCHWUCHTEL‹ ÜBERHAUPT BEDEUTET. HOMOSEXUALITÄT? NOCH NIE GEHÖRT!«

. . . .

Einen wichtigen Schlüsselmoment lieferte wieder die Popkultur. Den ersten schwulen Protagonisten, den Fabi jemals sah, war Eric van der Woodsen in der US-Serie *Gossip Girl*: »Das war das erste Mal, als ich 15 war, dass ich bewusst einen Mann wahrgenommen habe, der Männer liebt.« Die Verbindung zwischen sich und Eric, also wieso diese Figur ihn so faszinierte, konnte er allerdings noch nicht herstellen. »Ich saß nach der Schule zu Hause und habe manchmal einfach geweint. Ich fühlte mich leer. Ich fühlte mich nirgends zugehörig.« Fabi begab sich auf Online-Recherche, um herauszufinden, was mit ihm los war. Er wollte eine Antwort auf seine Fragen bekommen und stieß auf das

Forum DBNA, kurz für »Du bist nicht allein«. »Dort fand ich sehr viele
Artikel zum Thema Schwulsein. In einem stand die Definition von
Homosexualität und auf einmal machte es Klick. Ich dachte: Krass, das
bin ich! Es hat nur den Bruchteil einer Sekunde gebraucht, bis ich es
realisiert habe. Ich habe mich so befreit gefühlt. Das war der Wahnsinn!«

In diesem Moment kam Fabis Mutter in sein Zimmer. Sie fragte ihn,
was los sei, warum er weinend vor seinem Computer sitze. Fabi fing an
zu zittern. »Ich stehe auf Jungs«, sagte er. Seine Mutter brach ebenfalls
in Tränen aus. »Sie ist sehr emotional, so wie ich. Sie sagte, dass sie sich
Sorgen mache, dass ich Probleme bekommen könne. Das ist halt eine
andere Generation. Sie liest immer sehr viel, kennt sich mit Selbst-
mordraten und Mobbing aus. Dann fing sie auf einmal an, von ihren
schwulen Freunden zu erzählen. Das war total süß! Dadurch habe ich
mich verstanden und angenommen gefühlt.«

Rückblickend empfindet Fabi sein Coming-out als sehr schöne Erfahrung. Er saß an diesem Nachmittag noch lange mit seiner Mutter
zusammen, tauschte sich aus und redete offen über seine Ängste und
Sorgen. »Mein Coming-out mit ihr war ein Bilderbuchmoment.« Seine
Mutter informierte sich anschließend im Internet, wie sie mit der Thematik umgehen sollte und wie sie ihren Sohn unterstützen konnte.
»Ich habe im Browser-Verlauf gesehen, dass sie ›Mein Sohn ist schwul,
was soll ich machen‹ nachgeschaut hat. Das war absolut okay. Ich glaube, sie hat einfach einen Rat gebraucht.« Seither geht seine Mutter sehr
offen mit dem Thema um: Es macht für sie keinen Unterschied, dass
ihr Sohn schwul ist.

Damit stand für Fabi die nächste Herausforderung an. Er wollte seinem Vater sagen, dass er schwul ist. Seine Eltern waren zu diesem
Zeitpunkt bereits getrennt. Das Coming-out erfolgte am Telefon. »Das
Gespräch lief gut. Er hat mich akzeptiert. Ich hatte erst das Gefühl, dass
mein Vater auch nach meinem Coming-out immer noch gehofft hat,

dass ich irgendwann der Sohn werden würde, den er sich gewünscht hat. Der Sohn, der Fußball spielt und Mädchen trifft.« Sein Vater kommentierte hin und wieder Fabis Kleidungsstil, wieso er sich so auffällig anziehe und nicht wie die anderen Jungs sei. »Er dachte, ich würde damit zur Zielscheibe werden. Heute ist aber alles okay.« Fabi versteht mittlerweile, dass sein Vater sich nur Sorgen gemacht hat und diese wohl nicht anders äußern konnte. Sie sprechen heute offen über seine Beziehungen und seine Sexualität.

Seine Oma hingegen fing an zu weinen, als er ihr erzählte, dass er schwul sei. »Ach, die Omi meinte nur: ›Die Schwulen haben immer einen guten Klamottenstil.‹ Darüber konnten wir lachen und dann hatte sich das auch geklärt.« Seine Großmutter ist zwar vom alten Schlag, gibt sich nicht immer politisch korrekt, Fabi erfuhr von ihr aber nur Akzeptanz und Rückhalt. »Ich hatte sehr viel Glück, was meine Familie angeht. Dessen bin ich mir bewusst.«

Nachdem die ersten Coming-outs so gut gelaufen waren, wollte er jedem sagen, dass er schwul sei – auch in der Schule. Er fing mit den Mädchen in seiner Klasse an. »Ich verschickte Privatnachrichten über Facebook und ICQ. Das fühlte sich toll an. Die Mädchen waren auch alle absolut cool damit.« Das Coming-out den Jungs gegenüber passierte zwei Wochen später im Affekt. »Wir waren nach dem Sportunterricht in der Umkleidekabine. Da hatte ich alle zusammen, das war ganz logisch für mich. Es waren aber auch alle halbnackt, was wiederum etwas merkwürdig war. Ich habe dann gesagt: ›Leute, ich bin schwul.‹ Ein Klassenkamerad hat mich daraufhin umarmt. Ein anderer hat mir High Five gegeben.« Fabi konnte in der Schule endlich frei sein.

Neben der persönlichen Freiheit, die Fabi erfuhr, veränderten seine Coming-outs noch andere Dinge in seinem Leben. »Mein Coming-out hat in der Beziehung zu meiner Mutter sehr viel bewegt. Ich konnte auf einmal total offen mit ihr über Sex reden. Wir waren in Dänemark im Urlaub und haben über Analsex gesprochen. Ich fand es sehr toll, dass sie so offen war und wir uns dadurch auch viel besser kennenlernen konnten.« Außerdem lernte er eine Woche nach seinem Coming-out in der Jungenumkleide seinen ersten festen Freund über Facebook kennen. »Wir waren zwei Jahre zusammen. Mit ihm hatte ich mein erstes, richtiges Mal Sex. Zu der Zeit wurde es aber auch richtig eklig mit dem Mobbing.« Fabis Klassenkamerad*innen reagierten zwar positiv auf sein Coming-out, aber nicht alle Mitschüler*innen standen hinter ihm. Einige Jugendliche fanden das Facebook-Profil seines Freundes, druckten es aus und hängten es überall in der Schule auf. »Ich bin hinterhergerannt und habe die Zettel runtergenommen. Das war echt ätzend.« Das Mobbing wirkte sich auf seine Beziehung aus. »Am Anfang war es immer etwas komisch für mich, wenn ich ›mein Freund‹ gesagt habe. Ich bin jedes Mal innerlich zusammengezuckt. Mittlerweile habe ich mich aber akzeptiert und die Angst abgelegt.«

Das Mobbing ging noch weiter. Sein Freund besuchte ihn regelmäßig zu Hause. Einmal kam er nicht an, obwohl sie verabredet waren. »Meine Mutter ist losgelaufen und hat ihn gesucht. Sie fand ihn weinend auf der Straße. Zwei Typen von meiner Schule hatten ihn überfallen und ausgeraubt. Er war getreten und geschlagen geworden. Das war total krass.« Fabis Mutter rief die Polizei, sein

> »ICH HABE DANN GESAGT: ›LEUTE, ICH BIN SCHWUL.‹ EIN KLASSENKAMERAD HAT MICH DARAUFHIN UMARMT. EIN ANDERER HAT MIR HIGH FIVE GEGEBEN.«

Freund konnte die Angreifer allerdings nicht identifizieren. Dafür aber jemand anderes. »Eine meiner besten Freundinnen hatte meinen Freund im Bus gesehen und auch die zwei Jungs, die an derselben Haltestelle ausgestiegen sind.« Der Fall landete vor Gericht, die Täter gestanden und wurden verurteilt. »Das war ein cooles Gefühl. Meine

Mutter hat voll die Show abgezogen. Es war eine Genugtuung, nach dem Gesetz Recht zu bekommen und nicht nur in einem Lehrergespräch. Die Jungs haben sich erst groß gefühlt und waren dann auf einmal ganz klein.«

Jahre später entschuldigten sich die Täter. Und auch andere Jungs, die Fabi gemobbt hatten, versuchten Wiedergutmachung zu leisten. »Die kamen zu mir und sagten tatsächlich: ›Tut mir leid.‹ Das war echt cool. Für mich war es das erste Mal, dass auch ich versucht habe zu verstehen, wieso straighte Typen eigentlich queere Jungs mobben. Ich möchte das nicht rechtfertigen, aber das Machtgehabe in dieser Selbstfindungsphase kann ich schon irgendwie nachvollziehen. Umso schöner waren die Entschuldigungen für mich.« Fabi war zwar oft das Opfer, hin und wieder wurde er aber auch zum Täter. »Ich bin manchmal richtig ausgerastet und habe zurück beleidigt. Heute tut es mir leid, dass ich denen so böse Dinge an den Kopf geworfen habe. Aber ich musste mich irgendwie wehren.« Das Mobbing löste zwar viele Ängste in ihm aus, auf der anderen Seite machten ihn die Erfahrungen stärker. »Ich musste mich zu meiner Schulzeit auf mich selbst verlassen können. Das hat mich selbstbewusst gemacht.«

Zu dieser Zeit wurden Gay Icons immer wichtiger in seinem Leben. Sie stehen für Emanzipation, Stolz und Selbstbestimmtheit. Fabi hörte vor allem die Musik von Lady Gaga. Ihre Message lautet: Baby, you were born this way! »Das ist voll das Klischee. Lady Gaga war mein zweites großes Konzert. Ich war schon um 8 Uhr morgens mit meinem Ex an der Halle. Das war das erste Mal, dass ich eine große Menge von queeren Menschen getroffen habe.« Fabi fühlte sich bestärkt und angekommen. Endlich traf er Menschen, die genau wie er waren und dieselben Interessen hatten. Hier musste er keine Angst haben, beleidigt oder attackiert zu werden. Das hatte er sich immer gewünscht. »Diese Erfahrung hat so viel mit mir gemacht. Lady Gaga hat damals eine sehr lange Rede über Selbstakzeptanz gehalten. Ich stand total verwundert im Publikum und habe mich auf einmal gefreut, dass ich nicht wie die breite Masse bin. Sie hat mir so viel Hoffnung gegeben.«

Bis heute spielen Musik und Konzerte eine große Rolle in Fabis Leben. Sie sind sein Safe Space. »Das ist eine Fantasiewelt für mich. Ich habe mich aus Situationen rausgedacht, um dem Moment zu entkommen, wenn es mal schlimm in der Schule war.« Seine Coming-out-Hymne: »Who you are« von Jessie J.

· ·

»AM ANFANG WAR ES IMMER ETWAS KOMISCH FÜR MICH, WENN ICH ›MEIN FREUND‹ GESAGT HABE. ICH BIN JEDES MAL INNERLICH ZUSAMMENGEZUCKT. MITTLERWEILE HABE ICH MICH ABER AKZEPTIERT UND DIE ANGST ABGELEGT.«

· ·

Als er 17 war, ging die Beziehung mit seinem ersten Freund auseinander. Trübsal wollte Fabi aber nicht blasen. Er probierte sich mit anderen Jungs aus. So ganz funktionieren wollte das aber auch nicht. »Da ging es immer gleich um Sex. Ich habe gemerkt, dass ich nicht der Typ dafür bin.« Stattdessen suchte Fabi nach emotionalen Verbindungen, nach Tiefe, nach Sicherheit. »Es kam der Punkt, an dem ich gemerkt habe: Ich kann einen Jungen so lieben, wie ein heterosexueller Junge ein Mädchen lieben kann. Das war total befreiend, weil ich gemerkt habe: So anders bin ich gar nicht.« Diese Erkenntnis machte es leichter, sich selbst als Männer liebender Mann anzunehmen und all die negativen Erfahrungen, die er gemacht hatte, zu akzeptieren. »Ich würde heute nicht hetero sein wollen. Niemals. Ich finde es toll, dass ich schwul bin. Ich kann wirklich sagen: Ich liebe mich selber und habe mich akzeptiert.« Dafür musste Fabi die Konfrontation mit sich selbst suchen. Er tauchte in seine Gefühle ab, stellte sich seinen Ängsten und Zweifeln. Dadurch kam er an einen Punkt, an dem er sich selbst akzeptieren konnte.

Dass Fabi nun gut mit sich selbst klarkam, bedeutete jedoch nicht, dass damit alle Baustellen beseitigt waren. Er musste seine Rolle als schwuler Mann in der schwulen Community finden. »Ich musste erst jahrelang herausfinden, wer ich bin und was meine Sexualität ist. Anschließend waren da so viele Begriffe und Rollen, mit denen ich mich befassen musste. Bin ich zum Beispiel aktiv oder passiv beim Sex?« Damit war er überfordert. »Vor allem in Kontakt mit einem Mann, der sich sexuell schon sehr gut auskennt. Das fand ich fast anstrengender als das Coming-out selbst. Bei Heteros ist das was anderes.« Für heterosexuelle Menschen gibt es von klein auf Rollenvorbilder, die es zu definieren und erkunden gilt. Bei homosexuellen Menschen hingegen verschieben sich bestimmte Phasen nach hinten: Fabi konnte erst mit Anfang 20 seine Rolle als schwuler Mann definieren. Da es in Stade weder eine Schwulenszene noch andere Schwule gab, war es Zeit für ihn, sich zu befreien.

> »ES KAM DER PUNKT, AN DEM ICH GEMERKT HABE: ICH KANN EINEN JUNGEN SO LIEBEN, WIE EIN HETEROSEXUELLER JUNGE EIN MÄDCHEN LIEBEN KANN. DAS WAR TOTAL BEFREIEND, WEIL ICH GEMERKT HABE: SO ANDERS BIN ICH GAR NICHT.«

Er zog zum Studieren nach Köln. »Ich wollte nach dem Abi 2014 in eine Stadt ziehen, die ich noch gar nicht kannte. Das war ein sehr wichtiger Schritt für mich, um mich selbst auf einer ganz neuen Ebene kennenzulernen und mir etwas Eigenes aufzubauen.« Fabi erkundete die schwulen Bars und Clubs, fühlte sich das erste Mal richtig lebendig. »In den Bars und Clubs auf der Schaafenstraße fühle ich mich bis heute super wohl. Da sind die ganzen Gay Places. Dorthin nehme ich auch gerne meine Freundinnen aus Stade mit.« Köln ist heute das, was ein Lady-Gaga-Konzert damals für ihn war: ein Zufluchtsort. Das, was

Stade nie für ihn sein konnte. Dennoch konnte er Frieden mit seiner Heimat schließen. »Im Norden fühle ich mich am wohlsten. Stade ist meine Heimat, Köln ist mein Zuhause. Ich weiß aber auch, dass ich nicht allzu lang in Stade bleiben kann. Ich würde nicht wieder dorthin zurückziehen.«

Stade hat er zwar hinter sich gelassen, die Stimmen der Vergangenheit begegnen ihm trotzdem hin und wieder noch. »In Köln ist es einige Male passiert, dass ich beleidigt wurde, obwohl die Stadt als Schwulenhochburg gilt. In der U-Bahn wurde mir eine Flasche hinterhergeworfen. Ich glaube, das passiert oft, wenn ich mich mit Klamotten ausprobiere und vermeintlich schwul aussehe. Oder wenn ich mit einem Typen Händchen halte.« Sein Umgang mit solchen Situationen hat sich mittlerweile verändert. Fabi lässt sich davon nicht beeinflussen oder einschränken. Natürlich muss er vorsichtig sein, um nicht in Gefahr zu geraten. Wenn er aber die Hand seines Freundes halten möchte, dann greift er sie. Wenn er ihn küssen möchte, küsst er ihn.

Ob es um homophobe Angriffe in Köln, sein Coming-out in der Jungenumkleide oder Trennungen von Exfreunden geht – bei all diesen Erlebnissen sind seine YouTube-Abonnent*innen dabei. Er lädt regelmäßig VLogs hoch, beantwortet Fragen seiner Fans und gibt sich so privat und offen wie nur möglich. Damit möchte er anderen ermöglichen, sich zu identifizieren. Für andere Jugendliche, die auf dem Dorf leben – so wie er damals – eine Bezugsperson sein. Er ist immer noch der schüchterne Junge vom Land, der sich kleidungstechnisch ausprobiert, sich in Musik flüchtet und sehr emotional ist. Heute weiß er allerdings, dass er immer gut war, wie er war.

....

KATHARINA OGUNTOYE

....

»Ich oute mich, indem ich lebe, aber nicht, indem
ich sage: ›Ich bin lesbisch, akzeptieren Sie mich.‹«

»Das war ein sehr weißes Umfeld«, sagt Katharina Oguntoye und meint damit Heidelberg, wo sie als afrodeutsche, lesbische Frau aufgewachsen ist. Das Schwarzsein ist seit ihrer Geburt ein Thema, das Lesbischsein kam erst später dazu. »Ich kann mich an eine Situation als Kindergartenkind erinnern, als ich auf dem Schoß meiner Mutter in der Straßenbahn in Leipzig saß. Mein Vater wurde als Afrikaner immer anders angeschaut, anders behandelt. Darüber habe ich mit meiner Mutter gesprochen.« Seit ihrer Kindheit, soweit sie sich zurückerinnern kann, ist ihre Hautfarbe das Merkmal, auf das sie andere reduzieren wollen. Sie erlebte vielfach Alltagsrassismus, schon als Kind in Heidelberg und in Leipzig, aber auch später als Erwachsene in Berlin.

Zugehörigkeit und Geborgenheit fand Katharina vor allem in ihrer Familie, auf der deutschen wie auch der nigerianischen Seite. »In meiner weißen Familie wurde ich als Person akzeptiert. Das darf man nicht unterschätzen. Der Rückhalt hat mich stark gemacht.« Ihr Umfeld erlaubte ihr auch, sich als schwarze lesbische Frau auszudrücken. 1986 veröffentlichte sie mit ihrer Co-Autorin May Ayim das Buch *Farbe bekennen*, ein Werk über Alltagsrassismus. Etwas, das es bis dahin noch nicht auf dem deutschen Markt gegeben hatte. »Ich habe das Leben immer positiv gesehen – trotz aller Probleme und Missstände.« Katharina weiß, dass das nicht die Realität für alle Afrodeutschen ist – im Gegenteil. »Das ist ein bisschen traurig«, erzählt sie. »Es gibt Menschen in meinem Umfeld, die haben genau das Gegenteil erlebt. Sie wurden von ihren Familien weggegeben, haben in Pflegefamilien negative Erfahrungen gesammelt. Das Negative hat das Positive überdeckt.« In ihren Bekannten sind dadurch große Probleme in der Identitätsfindung entstanden. »Sie hatten keine Möglichkeit, ihr wahres Ich zu finden.« Katharina hatte diese Möglichkeit hingegen schon, und dafür ist sie sehr dankbar. Das heißt jedoch nicht, dass ihr keine Steine in den Weg gelegt wurden.

Dass sie als afrodeutsche Frau ein besseres Leben in ihrem Heimatland Deutschland leben konnte, wurde für sie zur Berufung: Mit *Farbe bekennen* schuf sie Raum für öffentliche Diskussionen. Außerdem schuf sie Kulturräume wie das Joliba in Berlin, ein interkulturelles Netzwerk und eine Familienhilfe mit Schwerpunkt auf der afrikanischen Community. Für ihr Engagement wurde sie unter anderem mit dem Preis für Lesbische Sichtbarkeit des Berliner Senats ausgezeichnet. »Spannend finde ich vor allem die Begegnung mit der neuen Generation. Die jungen Leute interessieren sich sehr für die Vergangenheit und einen Austausch.« Katharina möchte Projekte unterstützen, weiter über Rassismus aufklären und die junge Generation unterstützen. Um das zu schaffen, teilt sie ihre Geschichte – auch über ihr Leben als lesbische Frau. »In der Schwarzen-Community oder auch in Afrika ist das Lesbischsein kein Thema – also keines, das akzeptiert wird.«

Bis sie selbst zu der Erkenntnis kam, lesbisch zu sein, musste sie ein paar Umwege gehen. »Als Jugendliche hatte ich einen Boyfriend. Damals wusste ich noch nichts vom Lesbischsein, was das überhaupt bedeutet.« Ihre damaligen Partner beschreibt sie als die nettesten Jungs, die man sich vorstellen kann – trotzdem war sie nie glücklich, fühlte sich nie erfüllt. »Ich konnte nie die Partnerin sein, die ich sein wollte. Erst mit 18 wurden Frauen zum Thema in meinem Leben, und damit veränderte sich alles.«

Zu diesem Zeitpunkt besuchte sie die Akademie für Gesundheitsberufe in Heidelberg, absolvierte eine Ausbildung zur medizinisch-technischen Laborassistentin. »Dort traf ich meine erste große Liebe.« Sie bandelte mit einer anderen Frau an, verliebte sich, blieb sexuell jedoch zurückhaltend – als lesbisch bezeichneten sich die Frauen nicht. »Ich weiß noch, als ich ihr gegenüber mein Coming-out hatte und sie darauf erwiderte: ›Du bist doch nicht lesbisch, du bist doch wie ich!‹ Und ich sagte: ›Ja, eben, du bist wie ich. Lesbisch!‹ Damit war die Liebesgeschichte eigentlich beendet.« Die Frauen verband zwar eine gegenseitige Zuneigung, ihre Freundin definierte sich allerdings nicht als lesbisch. Katharina hingegen schon.

Als Jugendliche und junge Erwachsene lebte sie in einer Zeit, in der die Menschen in Deutschland keine größeren Sorgen hatten. »Meine Jugend, das waren die Achtzigerjahre. Es war kein Krieg, die Gesellschaft wurde reicher, jeder durfte sein Geld für sich verwenden und musste es nicht an die Familie abgeben, so wie die Generationen zuvor. Die Generation nach uns machte sich hingegen Sorgen um die Rente.« Katharinas Generation, Jahrgang 1959, fuhr in den Ferien nach Florenz, nach Paris, war sorglos und frei. Zeitgleich stieg das Umweltbewusstsein, die Anti-Atomkraft-Bewegung wurde ins Leben gerufen, Aktivismus wurde groß. Katharina war Teil der Alternativbewegung, hörte vom TUNIX- und im Jahr darauf besuchte sie den TUWAT-Kongress. Dort setzte man sich gegen die Räumung von Häusern in Berlin ein. Man wollte Menschenrechte schützen.

Immer wenn Katharina in Berlin war, wurde ihr klar, dass sie dort leben wollte. Sie bewarb sich an einer Schule für Erwachsenenbildung in Berlin-Kreuzberg und zog im Alter von 24 Jahren in die heutige Hauptstadt. »Durch den Umzug hatte ich das Gefühl, selber mehr bestimmen zu können. Ich wollte lernen und neue Menschen kennenlernen.« Vor allem wollte sie aber sich selbst kennenlernen.

»FÜR MICH WAR DAS LESBISCHSEIN EINE GANZ BEWUSSTE ENTSCHEIDUNG. ICH WUSSTE EINFACH, DASS ICH LESBISCH BIN. DAFÜR MUSSTE ICH KEINEN SEX HABEN.«

»Wir waren etwa 60 Leute und wurden in verschiedene Klassen aufgeteilt. Mein Ziel war es, mit allen zu reden, Menschen besser zu verstehen und dadurch auch zu ergründen, wie ich ticke.« Sie schloss sich der Frauenklasse an. Hier kam sie mit Feminismus, dem Lesbischsein und darüber auch mit sich selbst in Kontakt.

»Wir durften den Unterricht mitgestalten und haben uns mit tollen, spannenden Prozessen und Fragen auseinandergesetzt: ›Warum gibt es nur männliche Mathematiker und können Frauen überhaupt Mathematik?‹ und ›Was wollen wir im Leben?‹« Zu der Zeit machten viele Frauen das Abitur, ohne dass sie studieren wollten. »Wir haben das reflektiert: ›Brauche ich jetzt dieses Abitur?‹ Wir hinterfragten die Rolle der Frau in der Gesellschaft. Das Abitur war damals der einzige Zugang zum Studium.« Das war auch Katharinas Ziel: studieren. Sie wollte an die Uni, lernen, forschen, wissen. »Ohne Abitur war man damals nichts, heute ist das anders. Viele Wege führen zum Abitur und zum Studium.«

Damals lernte Katharina, kritisch zu werden, Systeme zu hinterfragen, nicht alles hinzunehmen. »Im ersten Jahr habe ich eine Lesben-WG gefunden und mich auch geoutet.« In der WG war sie die Neue, die Junge. Das lesbische Leben war aufregend, aber auch neu für sie. Orientierung fand sie unter anderem in dem Buch *Große Schwester, kleine Schwester*, ein Buch über Lern- und Auseinandersetzungsformen unter Frauen. »Ich habe quasi ganz neu angefangen, ohne wirklich eine Sexualität gelebt zu haben. Für mich war das Lesbischsein eine ganz bewusste Entscheidung. Ich wusste einfach, dass ich lesbisch bin. Dafür musste ich keinen Sex haben.« Ihre Mitstreiterinnen und Freundinnen wunderten sich erst darüber. »Ich wurde gefragt, woher ich denn wüsste, dass ich lesbisch sei, wenn ich noch keinen Sex hatte. Ich erwiderte: ›Na ja, woher weißt du denn, dass du hetero bist, wenn du Hetero-Sex nicht gelebt hast?‹ Es geht um die emotionale Bindung.« Für Katharina war klar, dass sie sich emotional an Frauen binden möchte und nicht an Männer. Um das zu wissen, brauchte sie keinen Sex. Sie war also lesbisch.

Katharina konfrontierte sich aber auch mit dem Thema Bisexualität. »Ich hatte zwar Freunde gehabt, aber lesbisch zu sein war eine politische Entscheidung. Es war eine eindeutige Entscheidung für mich zu sagen, dass ich lesbisch bin und nicht bisexuell, um eine klare Abgrenzung zu schaffen.« Ob es Bisexualität überhaupt gibt, ist bis heute ein Streitthema zwischen ihr und ihren Freund*innen. »Ich habe eine Freundin in Kanada und wir streiten uns immer darüber: Gibt es Bisexualität oder ist jemand dann lesbisch? Und sicher, wir befinden uns alle in einem Kontinuum. Aber mich als bisexuell zu definieren, kam mir nie in den Sinn.«

Lesbischsein zeugt für Katharina auch von Solidarisierung, wie in ihrer Wohngemeinschaft, wo sie Vorbilder fand. »Die anderen Frauen waren länger in der Auseinandersetzung als ich. Ich lernte zu der Zeit sehr viel.« Mit ihren Mitbewohnerinnen diskutierte und reflektierte sie, sprach über frauenpolitische Themen, was das Lesbischsein ausmacht. Dadurch fand Katharina zu sich selbst, wer sie ist, was sie ausmacht. In Heidelberg hatte sie zuvor ein Frauenzentrum besucht – die meisten Frauen dort waren jedoch heterosexuell. »Damals war ich emotional noch zu verunsichert, als dass ich mein Lesbischsein hätte leben können.«

Die Erkenntnis sich selbst gegenüber war für Katharina mit der Beantwortung der simplen Frage »Bist du lesbisch?« erledigt. Doch die Konsequenzen zu tragen, erforderte mehr Mut. »Das war schon ein ziemlich schwieriger Schritt, weil das Coming-out ein Verzichtselement beinhaltet. Dass ich auf den Mainstream verzichte. Ich hatte auch Angst, Freundinnen zu verlieren.« Katharina stellte sich das so vor: Sie würde ins lesbische Ghetto gehen und von nun an abseits der heteronomen Welt leben. »Das war ein harter Prozess. Man verzichtet auf ganz viel, auf sogenannte ›Hetero-Privilegien‹.« Noch ein Grund mehr, wieso Katharina ihr Coming-out heute als bewusste Entscheidung sieht: Es war ein klarer Schritt weg vom Mainstream und an den Rand der Gesellschaft – zumindest war es damals so.

Da ein Coming-out in den 1980er-Jahren ein großes Ding war, hatte Katharina vor allem Angst, Menschen zu verlieren, die ihr wichtig waren – und das bewahrheitete sich leider. »Eine meiner besten Freundinnen zu dieser Zeit hat sich von mir abgewandt. Ich fühlte mich eigentlich sehr verbunden mit ihr. Das Coming-out fiel mir umso schwerer. Am Telefon sagte ich ihr, dass ich lesbisch bin. Meine Freundin schwieg einfach nur.« Danach war die Freundschaft beendet. Katharinas Freundin meldete sich nie wieder. »Das fand ich schon ziemlich krass. Ich dachte, sie steht mir nahe.« Nach dieser Erfahrung entschied Katharina sich, vorerst keine Coming-outs mehr zu haben.

. . . .
»DAS WAR SCHON EIN ZIEMLICH SCHWIERIGER SCHRITT, WEIL DAS COMING-OUT EIN VERZICHTSELEMENT BEINHALTET. DASS ICH AUF DEN MAINSTREAM VERZICHTE. ICH HATTE AUCH ANGST, FREUNDINNEN ZU VERLIEREN.«
. . . .

»Beim Coming-out geht es nicht nur um einen selbst. Auch das Gegenüber muss das verkraften können. Die brauchen auch ihre Zeit.« Das erlebte Katharina Jahre später mit ihrer Mutter. »Meine Mutter wollte erst nichts von meiner Homosexualität und meinen Beziehungen hören. Sie merkte dann aber, dass ich mich zurückzog. Bei einem Besuch in Berlin wurde sie dann neugierig und wollte doch wissen, was in meinem Leben passiert.« Katharina wollte sich aber nicht outen. Sie wollte nicht zurückgewiesen werden. »Sie hat mir die Worte quasi in den Mund gelegt. Und da kam es dann aus mir raus: ›Ja, ich lebe jetzt lesbisch.‹« Die Reaktion ihrer Mutter fiel so aus, wie Homosexualität damals wahrgenommen wurde: als etwas, das versteckt werden sollte. »Sie sagte: ›Das muss man ja nicht öffentlich machen‹ und ›Du musst ja keine Sexualität leben‹« Für Katharina war das großer Quatsch. Sie hatte sich jahrelang mit sich selbst auseinandergesetzt, wieso sollte sie sich nun wieder verstecken?

Trotz des eher weniger geglückten Coming-outs und des fehlenden Verständnisses schaffte es Katharina, ein enges Verhältnis zu ihrer Mutter aufrechtzuerhalten. Katharina spürte dadurch die Zuneigung ihrer Mutter und dass sie sich bemühte. Das war ihr das Wichtigste.

Ihr Vater hingegen erfuhr nie, dass sie Frauen liebt. »Mein Vater lebte in Afrika, wir hatten sehr wenig Kontakt.« Mit 30 besuchte Katharina den Kontinent, zu der Zeit war ihr Vater allerdings nicht dort. »Er war in England. Das war sehr traurig. Ich habe ihn nie wiedergesehen.« Einmal telefonierten sie noch, es war ein kurzes Gespräch. »In Leipzig haben wir zusammengelebt, als ich ein Kind war und meine Eltern noch zusammen waren. Er hat mich in den Kindergarten gebracht, daran erinnere ich mich noch.« Katharinas Mutter sprach stets positiv über ihren Vater, auch nach der Trennung. Dadurch behält Katharina bis heute ein gutes Bild von ihren Eltern in Erinnerung. »Sie hing sehr an ihm und er, glaube ich, auch an ihr.«

Der Rest von Katharinas Familie reagierte gelassen auf ihr Coming-out. Sie erzählte ihren Cousinen, dass sie lesbisch sei. Ihre Tanten und Onkel erfuhren bei einem Familientreffen davon. »Die haben das erst mitbekommen, als ich meine Freundin mit nach Hause gebracht habe. Das war wesentlich später, 1991. Sie wurde sofort akzeptiert und als meine Partnerin angenommen.« Die Privilegien, die Heteros haben, bekam sie damit aber nicht. »Wenn du hetero bist, dann kannst du darüber reden, ob es dir gut oder schlecht geht in deiner Beziehung, ob du jemanden hast oder ob du jemanden suchst.

> »BEIM COMING-OUT GEHT ES NICHT NUR UM EINEN SELBST. AUCH DER ANDERE MUSS DAS VERKRAFTEN KÖNNEN. DIE BRAUCHEN AUCH IHRE ZEIT.«

Als homosexuelle Person darfst du all das nicht diskutieren, deinen Alltag, dein Leben.« Selbst in der Schwarzen Bewegung, in der Katharina spätestens seit der Veröffentlichung von *Farbe bekennen* Mitte der 1980er-Jahre ein fester Teil war, durfte sie nicht über ihre Sexualität sprechen. »Ich war auch eine der Älteren in der Community in Berlin, wir hatten viel miteinander zu tun, viel miteinander gesprochen. Aber ich konnte nicht darüber sprechen, wie es mir zu Hause geht. Das fand ich traurig.« Katharina schreckte davor aber nicht zurück – sie engagierte sich weiterhin gegen Rassismus und lebte privat ihr Leben als lesbische Frau.

Seit 1991 ist Katharina glücklich mit der kanadischen Autorin und Übersetzerin Carolyn Gammon verpartnert. »Durch die Beziehung erfuhr auch mein jüngerer Bruder, dass ich lesbisch bin. Das hat ihn nicht geschockt. Aber als ich dann schwanger wurde, ist er aus allen Wolken gefallen. Er war total verwirrt, dass ich als Lesbe ein Kind kriege.«

Der Kinderwunsch war für Katharina schon lange da. »Den hatte ich bereits als Jugendliche. Meine Mutter hatte immer Angst, dass ich mit 18 ein Kind anschleppen würde, so groß war der Wunsch.« Als Erwachsene ließ sich Katharina hingegen Zeit, wollte zuerst ihr Geschichtsstudium an der Technischen Universität Berlin beenden und auf die richtige Partnerin warten. »Mit Carolyn konnte ich es mir vorstellen. Ich dachte, wir kriegen das hin – selbst wenn wir uns mal trennen würden.«

1997 beendete sie ihr Studium, von da an besuchte das Paar eine Kinderwunschgruppe für Lesben. Zwölf Paare nahmen daran teil, acht Frauen wurden letzten Endes schwanger. »Über die Gruppe haben wir auch einen Spender gefunden. Schwanger zu werden ist allerdings gar nicht so einfach. Ich habe drei Anläufe gebraucht.« Ihr Sohn kam zwei Tage nach Katharinas 40. Geburtstag zur Welt – ein wunderschönes Geburtstagsgeschenk, findet sie. »Meine Mutter war auch noch da, ich meine, sie war ja schon ein bisschen älter, und sagte: ›Das gibt es ja gar nicht, dass ich noch Großmutter werden darf.‹« Mit der Geburt ihres Sohnes, durch die Akzeptanz ihrer Mutter und der Beziehung zu Carolyn konnte Katharina Frieden schließen: Sie hatte Liebe gefunden – in sich und für sich selbst.

Wen sie liebt, das Lesbischsein, war für sie immer Privatsache. »Ich wollte das nicht propagieren, das war mir eine Baustelle zu viel.« Versteckt hat sie sich aber auch nie. Sie möchte ihrem Gegenüber den

Raum lassen, nach dem Thema Homosexualität zu fragen und damit ein Gespräch zu eröffnen, statt Menschen zu überrumpeln. »Carolyn sagt immer: Wer konventionelle Fragen stellt, der bekommt unkonventionelle Antworten.« So verhält es sich auch mit dem Thema Sexualität. »Wenn jemand sich einfach outet, muss man mit dem umgehen können, was passiert, wenn jemand einen Schock hat.«

· ·

»WENN DU HETERO BIST, DANN KANNST DU DARÜBER REDEN, OB ES DIR GUT ODER SCHLECHT GEHT IN DEINER BEZIEHUNG, OB DU JEMANDEN HAST ODER OB DU JEMANDEN SUCHST. ALS HOMOSEXUELLE PERSON DARFST DU ALL DAS NICHT DISKUTIEREN, DEINEN ALLTAG, DEIN LEBEN.«

· ·

Ablehnung erfährt Katharina in ihrem Leben wegen ihrer Sexualität immer wieder. Zum Beispiel als ihr Sohn Noël in den Kindergarten kommen sollte. »Ein christlicher, ein öffentlicher und ein alternativer Kindergarten hatten mir zugesagt. Als ich mit meiner Freundin dort ankam, hieß es auf einmal: ›Nein, der Platz ist vergeben.‹ Anschließend habe ich mich allein um einen Kindergartenplatz bemüht. Letzten Endes kam unser Sohn in einen türkisch-deutschen Kindergarten, wo hauptsächlich türkische Kindergärtner*innen arbeiten.« Dort wurden Katharina und Carolyn freundlich und mit offenen Armen aufgenommen – entgegen jeglicher Klischees und Vorurteile.

Auch kürzlich wurde sie wieder mit Diskriminierung konfrontiert, als sie sich mit einem jungen, alternativen und vermeintlich offenen Menschen unterhielt. »Wir haben über Gott und die Welt gesprochen. Nach zwei Stunden dachte ich: Jetzt erzähle ich, dass ich lesbisch bin. Ich wollte dem Coming-out eine Chance geben. Was kam? Ein Kommunikationsabbruch. Dieser jemand war überfordert – da habe ich mir gesagt, das muss ich mir nicht mehr antun.« Jetzt hält sie es wie folgt: »Ich bin jetzt einfach ich, ohne mich zu erklären.« Mit dieser Lösung geht es ihr am besten. Sie möchte nicht, dass das Lesbischsein zu einem Problem oder einem Kampf in ihrem Leben wird. »Wenn ich lesbenpolitisch gearbeitet hätte, hätte ich mich im Außenraum mit dem Thema Homosexualität und Coming-out mehr auseinandersetzen müssen, aber ehrlich gesagt ist das viel zu privat: Ich will mein Leben leben und mich nicht mit den Macken der Gesellschaft auseinandersetzen müssen.« Das muss sie auch gar nicht, sie hat einen viel besseren Weg gefunden: »Ich oute mich, indem ich lebe, aber nicht, indem ich sage: ›Ich bin lesbisch, akzeptieren Sie mich.‹«

NICOLAS PUSCHMANN

»Ich habe nur dieses eine Leben und das ist mein Leben. Ihr dürft euer Leben leben, wie ihr wollt. Insofern möchte ich auch mein Leben leben, wie ich möchte – und das ist schwul!«

Nicolas Puschmann sitzt vor einer Blümchentapete in seiner Düsseldorfer Wohnung. Sein Lebenspartner Lars Tönsfeuerborn geht durchs Bild. Von Oktober 2019 bis November 2020 waren sie ein Paar. Kennengelernt haben sie sich im Fernsehen – bei *Prince Charming*, RTLs schwuler Version des *Bachelors*. In dem neuen TV-Format sollte Nicolas unter 20 Junggesellen die große Liebe finden. Zum Ende jeder der neun Episoden gab er jenen Männern, die eine Runde weiterkamen, eine schwarze Krawatte. Bei den Dates wurden Hintern bemalt, Ratespiele gespielt, es wurde über Anal-Waxing gesprochen und geknutscht.

Zum Prince Charming wurde Nicolas durch Zufall erkoren, als er sich mit einem Freund auf ein Bierchen traf. »Wir waren in Kölns Schwulenviertel unterwegs und saßen auf einem öffentlichen Platz. Da kam jemand auf mich zu und fragte: ›Hey, hast du Bock, dich im Fernsehen zu verlieben?‹« Nicolas hielt die Frage erst für eine dumme Anmache, hatte aber doch irgendwie Interesse. Schon am nächsten Tag telefonierte er mit dem zuständigen TV-Producer, Wochen später kam die offizielle Bestätigung: Er würde Prince Charming sein. »Ich dachte am Anfang, ich sollte einer der Kandidaten werden. Dann war ich aber der, um den sich alles drehen sollte! Das war für mich alles sehr absurd und gewöhnungsbedürftig.«

Vor den Dreharbeiten wollte er sich vorbereiten. Kameras würden ihn dann schließlich auf Schritt und Tritt begleiten. Selbst Alltäglichkeiten mutierten zu einer Herausforderung. »Ich war mit meinem Vater einen Monat vor den Dreharbeiten auf Mallorca. Ich aß eine Suppe und führte mein Gesicht zum Löffel. Mein Vater sah mich an und meinte: ›Nicolas, darf ich dir mal was sagen? Du isst ja bald im Fernsehen. Du wirst wahrscheinlich sehr viele Dates haben, bei denen du irgendwas isst. Der Löffel geht zum Mund, nicht der Mund zum Löffel‹.« Nicolas wurde klar: Er hatte noch sehr viel Arbeit vor sich.

Sein Vater war auch derjenige, der ihm im Vorfeld einen Krawatten-Workshop gab. *Prince Charming* wurde sozusagen zum Familienprojekt. »Ich wollte lernen, wie man einen richtig schönen Knoten bindet. Ich konnte zuvor nur einen 08/15-Knoten, bei dem dieses Dreieck richtig schräg ist.« Außerdem nahm Nicolas Schwimmunterricht. »Kraulen konnte ich, aber nicht so, dass es richtig cool und sexy aussieht. Das wollte ich für die Einspieler optimieren.« Die Schwimmszenen bedeuteten auch, dass Nicolas sich oberkörperfrei zeigen musste: Er trainierte daher einen Monat lang mit einem Personal Trainer, ging zweimal täglich zum Sport und hielt sich an einen strengen Ernährungsplan. Das Resultat: Sexier als David Hasselhoff in *Baywatch* kraulte er sich durch die Wellen vor Kreta und eroberte die Herzen der Kandidaten.

Mit dem Ende der Show bot Nicolas den Zuschauern mehr als nur Entertainment: Es gab sogar ein Happy End, denn er fand hier die Liebe. Über ein Jahr waren Lars und er ein Paar, wohnten gemeinsam in Düsseldorf, traten in Talkshows auf und zeigten einem breiten Publikum, wie schön und normal die Liebe zwischen zwei Männern ist.

Dass er schwul ist, bemerkte Nicolas in der vierten Klasse. Damals war er etwa zehn Jahre alt und fühlte sich plötzlich zu Jungs körperlich hingezogen. »Ich fand das Rangeln mit Jungs cooler. Natürlich habe ich aber auch in der zweiten und dritten Klasse Liebesbriefe an Mädchen geschrieben.« Ein Mädchen brach ihm damals sogar das Herz: Paula. »Bei ihr habe ich mir eingebildet, sie wäre die Liebe meines Lebens.« Auf dem Willst-du-mit-mir-gehen-Zettel kreuzte sie allerdings nur »Vielleicht« an und ließ Nicolas' Traum zerplatzen.

Zwei Jahre später outete er sich dann einigen Mitschülern gegenüber. Die Anziehungskraft zu Jungs wurde immer stärker. »Ich habe gesagt: ›Ich habe das Gefühl, dass ich auf Männer stehe‹« Seine Freunde reagierten verhalten, meinten, es sei vielleicht nur eine Phase. Nicolas war sich jedoch sicher, dass es keineswegs eine Phase war.

Es folgte eine Zeit der Selbstfindung als Teenager, in der er sich mit dem immer intensiver werdenden Gefühl, sich zu Männern hingezogen zu fühlen, auseinandersetzte. Er fragte sich: Warum ausgerechnet ich? »Ich habe das erstmal mit mir selbst ausgemacht. Ich war ein Stück weit verzweifelt, weil ich dachte: Hier kann doch irgendwas nicht stimmen und das ist nicht der normale Weg.« Nicolas fühlte sich beklommen, wollte nicht von seinen Gefühlen und Gedanken erzählen. Stattdessen suchte er in Online-Chats nach Jungs, denen es ähnlich ging. »Ich war auf einem Chat-Portal unterwegs. Dort gab es verschiedene Gruppen, auch für homo- und bisexuelle Jugendliche.«

Mit 15 folgte das Coming-out seinen Eltern gegenüber. »Von meiner Familie kamen oft Nachfragen, wenn ich Schulfreundinnen mit nach Hause gebracht habe: ›Na, wie sieht es mal aus mit einer festen Freundin?‹ Dazu neugierige Blicke und Grinsen von meiner Mutter und meiner Schwester. Ich dachte nur: Ihr geht mir so hart auf den Sack.« Nicolas' Coming-out wurde zu einer Trotzreaktion. Er hatte keine Lust mehr auf die Nachfragen, auf die kleinen Sticheleien – er wollte endlich zeigen, wer er ist und wen er liebt. »Ich wollte mich nicht mehr verleugnen. Ich bin mir mehr wert,

> **»ICH HABE DAS ERSTMAL MIT MIR SELBST AUSGEMACHT. ICH WAR EIN STÜCK WEIT VERZWEIFELT, WEIL ICH DACHTE: HIER KANN DOCH IRGENDWAS NICHT STIMMEN UND DAS IST NICHT DER NORMALE WEG.«**

als mich selbst zu belügen. Und dann habe ich mit 15 den Schlussstrich gezogen und gedacht: Okay, Leute, ich habe nur dieses eine Leben und das ist mein Leben. Ihr dürft euer Leben leben, wie ihr wollt. Insofern möchte ich auch mein Leben leben, wie ich möchte – und das ist schwul!«

Eine besondere Stütze während des Coming-out war eine lesbische Freundin. »Ich war bei ihr in Finkenwerder, wo ich aufgewachsen bin, und sie war schon als lesbisch geoutet. Ich fand es so toll, dass ihre Eltern das wussten.« Nicolas besuchte die Familie häufig, sprach sogar mit den Eltern der Freundin über sein Coming-out. Er wollte, was seine Freundin hatte: Freiheit. Es gefiel ihm, wie cool, offen und ungezwungen sie lebte. Das wollte er auch haben und holte sich Tipps von seiner Freundin und ihren Eltern. »Ich habe mir den Kopf zerbrochen, wie ich es richtig anstellen sollte. Ich wartete, bis meine Mutter und ich in einem Raum waren – kniff dann aber doch.« Nicolas dachte sich irgendwann: Den perfekten Zeitpunkt gibt es nicht. »Ich habe mir aber einen richtig asozialen Zeitpunkt ausgesucht: Ich habe es ihr mitten in der Nacht erzählt, als ich betrunken nach Hause kam. Ich hatte ein paar Bierchen getrunken auf dem Dorf und war zu spät nach Hause gekommen. Sie kam aus dem Schlafzimmer. Dann hat sie gesagt: ›Mensch, Nicolas, du bist wieder zu spät.‹ Da habe ich erwidert: ›Ja, Mama, und ich bin schwul.‹ Ich habe ihr das einfach an den Kopf geknallt, bin dann schnell in mein Zimmer und dachte mir: Oh nein, morgen möchtest du nicht aufwachen.«

Nicolas' Mutter war tatsächlich eine Woche lang beleidigt und vor allem traurig, dass er ihr nicht mehr vertraut hatte. »Jahre später hat sie mir gesagt, dass sie es einfach so schade fand, dass ich nicht mehr Vertrauen in unsere Mutter-Sohn-Beziehung hatte und der Meinung war, dass ich ihr sowas nicht anvertrauen könnte und stattdessen einen so blöden Weg wählte, um mich zu outen. Aber ich muss auch sagen: Eltern wissen nicht, wie schwer ein Coming-out ist, welche Gewissensbisse man hat und was vorweg alles an Kopfkino läuft, was passieren könnte, was einen abschreckt, und so weiter.« Nicolas erklärte seiner Mutter, wovor er damals Angst hatte: vor negativen Reaktionen, vor Vorurteilen, vor Zurückweisung und vor Boshaftigkeit. »All das, was ich mir da eben mit 15 zusammengesponnen hatte in meinem Kopf.«

Den Grund dafür, dass queere Teenager Angst haben, nach dem Coming-out verstoßen zu werden, sieht er in der Gesellschaft. »Ich wünsche mir so sehr, dass wir an dem Punkt ankommen, an dem man es frei von Ängsten raushauen kann, oder sich am besten gar nicht mehr labeln muss und somit kein Coming-out benötigt. Dass das normal ist und akzeptiert wird.« Für Nicolas ist bis heute jeder Tag ein

Coming-out-Tag: »Wenn man den Beruf wechselt, wenn man in einem neuen Freundeskreis unterwegs ist, wenn man auf irgendeinen Geburtstag eingeladen ist – es wird immer wieder zum Gesprächsthema: ›Ich bin schwul, ich habe einen Freund.‹« Nicolas hat manchmal keine Lust mehr auf Coming-outs, egal, ob die Reaktionen nun positiv oder negativ ausfallen.

»Wenn ich manche Bekannte höre mit ihren Freundinnen, dann sagen die nicht: ›Mensch, mein Kollege‹. Sondern: ›Mein schwuler Kollege‹. Aber wenn sie über heterosexuelle Kollegen reden, sagen sie auch nicht: ›Mein hetero Kollege Manfred‹.« Man bekommt ein Label, und dieses Label bedeutet anders zu sein als die Norm. Mit diesem Label kam auch Nicolas in Kontakt, als er sich seinem Vater gegenüber outete – eher unfreiwillig. »Ich bin mit 15 das erste Mal in Hamburg am Jungfernstieg über den CSD gelaufen. Ich wollte einfach wissen, wie das aussieht und wie es sich anfühlt. Endlich habe ich mich verstanden gefühlt. Da waren so viele Gleichgesinnte!« Allerdings war noch jemand da: Arbeitskolleg*innen von Nicolas' Stiefmutter. »Die haben mich auf der Meile gesehen. Ich meine, jeder Hetero kann über diese Meile laufen, man muss ja nicht gleich schwul sein. Aber die haben zu meiner Stiefmutter auf der Arbeit gesagt: ›Mensch, Nicolas war gestern auf dem CSD, ist da irgendwas?‹ Sie rief mich dann an und meinte: ›Hier geht das Gerücht um, dass du homosexuell seist, und wenn das nicht stimmt, dann sage ich was dagegen, aber ich wollte dich erstmal fragen.‹« Nicolas versuchte, das Beste aus der Situation zu machen: »Ich habe mir ein Herz gefasst und gesagt: ›Ja, ich bin es.‹ Dann sagte sie: ›Ja, okay. Dann wäre es natürlich gut, wenn du das deinem Vater erzählst, nicht dass er das über Dritte erfährt.‹«

Nicolas fing an zu weinen. »Mein Vater war mein Endgegner. Er ist in einer sehr ländlichen Gegend aufgewachsen. Da gibt es gerne Vorurteile und ich dachte, er hätte null Verständnis für mich.« Seine Stiefmutter versuchte, Nicolas zu unterstützen, und bot an, bei seinem

Vater vorzufühlen. »Tage später bekam ich eine Essenseinladung von meinem Vater. Als ich bei ihm zu Hause ankam, musste ich schon weinen. Ich war so angespannt. Mein Vater und ich saßen am Tisch, er fragte mich, was es Neues gebe. Ich sagte: ›Nichts weiter.‹ Da schrie er auf einmal los: ›Doch, es gibt was Neues!‹, und hat mich dann echt zur Schnecke gemacht und mir zu verstehen gegeben, dass es nicht normal ist, homosexuell zu sein. Er hat wirklich ganz, ganz blöd reagiert.«

· ·

»ICH WÜNSCHE MIR SO SEHR, DASS WIR AN DEM PUNKT ANKOMMEN, AN DEM MAN ES FREI VON ÄNGSTEN RAUSHAUEN KANN, WENN MAN FÜHLT, DASS MAN NICHT HETEROSEXUELL ORIENTIERT IST. DASS DAS NORMAL IST UND AKZEPTIERT WIRD.«

· ·

Damit erfüllte sich Nicolas schlimmste Befürchtung: Er stieß auf Ablehnung von seinem Vater. »Er konnte wahrscheinlich nichts damit anfangen. Väter haben für ihre Jungs immer eine gewisse Vorstellung fürs Leben. In die Fußstapfen treten und so.« Heute erkennt Nicolas den Fehler seines Vaters und ist sich bewusst, dass viele Eltern ihn begehen: Statt das Kind sein eigenes Leben leben zu lassen, drängen sie ihm ihre Pläne auf. »Dieser Moment war wahrscheinlich bei ihm einfach dieser Knall, bei dem seine ganze Vorstellung zunichte gemacht wurde – und das habe ich abbekommen.«

Heute hat Nicolas ein gutes Verhältnis zu seinem Vater – das hat aber sehr viel Arbeit gekostet. »Bis wir uns so gut verstanden haben wie heute, hat es viele Jahre gedauert. Viele Gespräche, viele Auszeiten, viele Briefe. Er liebt mich über alles, das weiß ich. Damals hatte ich für seine Reaktion kein Verständnis, aber man muss den Eltern manchmal einfach Zeit geben.« Für seine Eltern war das Coming-out ein Schock, niemand hatte damit gerechnet. »Ich war halt keine Ballerina als Kind, sondern einfach ein Dude. Da wird dann schnell in heterosexuellen Schubladen gedacht.« Seine Eltern mussten sich zuerst daran gewöhnen, dass ihr Sohn homosexuell ist und mit Jungs nach Hause kommt. Nicolas nahm seine Eltern an die Hand und ließ sich auf die Gespräche ein. Das Resultat: Heute ist alles gut.

Nach dem Coming-out seinem Vater gegenüber fehlte nur noch eine Person: die Oma. Dieses Coming-out wollte er selbst übernehmen, endlich jemandem ins Gesicht sagen: »Ich bin schwul.« Aber auch das wurde ihm abgenommen: »Wir saßen bei uns zu Hause bei Kaffee und Kuchen. Meine Oma sagte auf einmal aus dem Nichts: ›Ich habe ja nichts gegen Schwule.‹« Damit war das Thema abgehandelt. Alle wussten Bescheid.

Als Nächstes begann für Nicolas eine Ausprobierphase. Er entdeckte das schwule Dating, traf sich mit Jungs, testete seine Grenzen und seine Interessen aus. »Ich musste erst einmal herausfinden, wie das alles funktioniert. Männerliebe – was bedeutet das überhaupt?« Er setzte sich intensiv mit seinen Gefühlen auseinander, versuchte sich zu akzeptieren, ließ sich auf seine Sexualität ein. Und er erkundete die Hamburger Schwulenbars. »Dabei war ich eigentlich noch viel zu jung. Mit 16 habe ich versucht, an den Türstehern in der Talstraße vorbeizukommen. Das hat auch geklappt.« Er ließ sich auf Flirts ein, genoss die Aufmerksamkeit.

Nicolas beendete die Schule, wollte nach dem Abitur Musicaldarsteller werden. Die Kosten für die Ausbildung waren ihm aber zu hoch. »Ich wollte nicht, dass meine Mutter sich finanziell so verbiegen muss, stattdessen habe ich eine Ausbildung zum Eventmanager gemacht.« Der Job brachte ihn im Herbst 2018 nach Köln, ein halbes Jahr später wurde er für *Prince Charming* entdeckt. Durch die Sendung outete er sich vor einem Millionenpublikum als schwul.

Wie denkt er heute, Jahre nach seinen Coming-outs, über das Thema? »Ich finde das ganz, ganz furchtbar. Daraus wird immer so ein Drama gemacht. Das Einzige, was ich dem abgewinnen kann, ist, dass die ganzen Heteros und nicht aufgeklärten Leute das natürlich zu sehen bekommen: ›Oh, okay, der ist auch schwul. Aber den mag ich doch so gerne in den Rosamunde-Pilcher-Filmen.‹ Dadurch wird Sichtbarkeit geschaffen.«

··
»HETEROS KÖNNTEN COOLER REAGIEREN. WENN ICH SAGE, DASS ICH KEINE FREUNDIN, SONDERN EINEN FREUND HABE, KÖNNTE MAN SAGEN: ›EY COOL, HAST DU EIN BILD VON IHM?‹ UND DANN GEHT DAS GESPRÄCH ÜBER DAS WETTER ODER ÜBER LOW-CARB-ERNÄHRUNG WEITER.«
··

Durch die Coming-outs von Promis lernt das Publikum, dass Homosexualität normal ist: Ob es nun Schlagerstars wie Kerstin Ott, Sebastian Raetzel und Matt Stoffers sind, oder Moderator*innen wie Anne Will und Jochen Schropp. Durch deren Sichtbarkeit wird Normalität für alle geschaffen – was Nicolas sich sehr wünscht. »Ich finde, Heteros könnten cooler reagieren. Wenn ich zum Beispiel sage, dass ich keine Freundin, sondern einen Freund habe, dann könnte man sagen: ›Ey cool, hast du ein Bild von ihm?‹ Und dann geht das Gespräch über das Wetter oder über Low-Carb-Ernährung weiter.« Nicolas' Erfahrung nach wollen aber nach wie vor viele Menschen stundenlang über seine Homosexualität sprechen – und darauf hat er keine Lust. Seine Sexualität definiert ihn immerhin nicht so sehr wie sein Charakter.

Durch *Prince Charming* veränderte sich nicht nur Nicolas' Beziehungsstatus, sondern sein ganzes Leben. Er wurde eine Person des öffentlichen Lebens. Er zeigte sich im Fernsehen offen als schwuler Mann, sprach über sexuelle Vorlieben und erhielt dadurch nicht nur eine Plattform, sondern trägt auch eine Verantwortung. Heute versucht er diese zu nutzen, um zum Beispiel an Schulen über Homosexualität und Coming-outs zu sprechen. Er ist der Meinung, dass es offene Vorbilder geben muss, die ihre Erfahrungen teilen, damit Homofeindlichkeit die Stirn geboten werden kann.

Homosexualität ist immer noch ein Thema, das sehr viel Aufmerksamkeit erzeugt. Die Produzent*innen der ersten Staffel *Prince Charming* – und Nicolas als Hauptprotagonist – wurden mit dem Grimme-Preis in der Kategorie Unterhaltung ausgezeichnet. »Ich war vor allem überrascht, wer das alles geschaut hat. Da war von der Ü50-Mutti beim Bügeln in ihrer Kleiderkammer bis zu Hetero-Pärchen jeden Alters und sogar Jugendlichen alles dabei.« Im Nachhinein schmunzelt Nicolas wegen der Fäkalsprache, die in der Sendung oft gebraucht wurde, das Format aber auch sehr authentisch machte. »Wir haben Begrifflichkeiten wie Anal-Waxing benutzt oder Kandidaten haben Sachen gesagt wie: ›Hat die Fotze mich Schlampe genannt?‹ Ich dachte mir: Okay, vielleicht ist das eher ein Format ab 16. Kinder, nicht alles nachmachen, was wir da tun. Ihr braucht kein Anal-Waxing. Das ist alles nur Spaß.«

Neben all dem Lob hagelte es für *Prince Charming* aber auch Kritik. Der Vorwurf: Die Sendung bilde lediglich Stereotype schwuler Männer ab. Nicolas ist anderer Meinung. »Es ist meines Erachtens sehr typisch, dass so ein Feedback aus der schwulen Community selbst kommt, also aus den eigenen Reihen. Ich wurde natürlich vor den Dreharbeiten gefragt, auf was für Typen ich stehe. So hat sich der Cast sehr divers zusammengesetzt, finde ich. Wir haben eine Show gemacht, die unter dem Deckmantel einer Liebesshow aufgeklärt hat. Und dafür war sie sehr divers: Wir hatten den Maskulinen, den Muskulösen, den

> »ICH WAR VOR ALLEM ÜBERRASCHT, WER DAS ALLES GESCHAUT HAT. DA WAR VON DER Ü50-MUTTI BEIM BÜGELN IN IHRER KLEIDERKAMMER BIS ZU HETERO-PÄRCHEN JEDEN ALTERS UND SOGAR JUGENDLICHEN ALLES DABEI.«

Dünnen, den Schlaksigen, den Farbigen, den Langhaarigen, den Rothaarigen, den Femininen.«

Für Nicolas zählen am Ende ohnehin die emotionalen Momente am meisten, die schönen Erinnerungen und das, was er durch das Format über sich selbst gelernt hat. »Besonders emotional war für mich die White Night, in der alle ihre Coming-out-Geschichten erzählt haben. Gott, was habe ich geweint vor dem Fernseher, als ich das nach den Aufzeichnungen gesehen habe. Ich bin sehr dankbar, dass die Produktion es ermöglicht hat, dass wir unsere Geschichten erzählen durften.«

Wichtig waren diese emotionalen Momente auch, weil Nicolas vor den Dreharbeiten abgestumpft war, wenn es um Beziehungen ging. »Ich war nie der Fan von so richtigen Dates. Ich finde es anstrengend, immer dasselbe zu erzählen. Ich war da eher körperlich unterwegs.« Durch die sexuelle Schnelllebigkeit verlor Nicolas allerdings den Glauben an die Liebe. »Eine Beziehung ist ein Job. Ein Job, der Spaß machen soll, aber der eben auch Arbeit ist. Beziehungen können manchmal scheiße sein. Man braucht einen sehr langen Atem. Aber wenn die Gefühle stimmen, dann ist es all das wert.« Genau das hat Nicolas mit Lars bei *Prince Charming* gefunden und wie im Märchen sein Happy End bekommen – zumindest für eine kurze Zeit. Die Beziehung, an der er heute arbeitet, ist die Beziehung zu sich selbst.

DANKSAGUNG

Mein besonderer Dank gilt den Managements und den Künstler*innen, die in *Coming-out* stattfinden. Den Menschen, die mir schonungslos ehrlich ihre Geschichten erzählt haben, um sie mit anderen zu teilen. Ich bewundere jede*n einzelne*n in diesem Buch und bin unheimlich dankbar, für jedes Gespräch und jedes Kapitel. Damit geben wir nicht nur den Leser*innen die Chance, sich selbst besser kennenzulernen – auch ich durfte mit jedem Kennenlernen ein Stück wachsen.

Danke an Tobi, der mir nicht nur ein sehr guter Freund ist, sondern mich auch bei jedem Schritt unterstützt. Ich weiß dich sehr zu schätzen und bin jeden Tag dankbar, dich in meinem Leben zu haben. Danke, dass du mich in den Phasen von *Coming-out* unterstützt hast, in denen ich gezweifelt habe.

In den letzten Jahren durfte ich lernen, was es bedeutet, eine Familie zu haben. Danke, Papa, Oma und Talli – ich habe euch lieb. Danke, Oiko und Julia, die mich durch »die Schritte« geführt haben. Außerdem möchte ich meinen Freunden danken: Anne, Yasmin, Jenny, Tobi (again) und Uli.

Danke an dich, der dieses Buch gerade in den Händen hält. Ich hoffe, dass du Inspiration und Mut findest.

Ohne meine vorherigen Arbeiten für VICE, FOCUS und den *Tagesspiegel* wäre es wohl nicht zu diesem Buch gekommen. Deshalb ein Dank an Menschen, die mir auf meinem Weg zu einem besseren Autor geholfen haben: Danke, Markus Götting, Tim Geyer, Lisa McMinn, Felix Dachsel, Manuel Lorenz, Tilmann Warnecke und Nadine Lange.

Danke an meinen Lektor Mischa Gayring bei riva, der mir zugetraut hat, mein erstes Buch zu schreiben. Zwei Jahre habe ich auf das richtige Angebot gewartet – und da war es nun: an einem faulen Sonntag im Juni, als ich ungeduscht im Jogginganzug Netflix-Serien geschaut und Take-away vom Vietnamesen gegessen habe. Ich hätte mir keinen besseren Moment vorstellen können, daaahhhling! Es hat sehr viel Spaß gemacht, *Coming-out* gemeinsam zu konzipieren und zu dem Buch zu machen, das es nun ist.

Und zu guter Letzt Danke an das Team von riva, das dieses Buch möglich gemacht hat, und an alle Partner, die uns unterstützen. Auf viele weitere Projekte!